Eva Ulmer-Janes

Magie im Gleichgewicht

Polarität bewusst leben

Ibera Verlag

Die Deutsche Bibliothek – CIP-Einheitsaufnahme
Ulmer-Janes, Eva:
Magie im Gleichgewicht – Polarität bewusst leben/ Eva Ulmer-Janes. – Wien :
Ibera Verlag / European University Press VerlagsgesmbH, Wien, 2017
ISBN 978-3-85052-365-3

Lektorat: G.G./ Ibera
Fotos der Autorin: Pilo Pichler, www.pilo.at
Hergestellt in der EU

ISBN 978-3-85052-365-3

www.ibera.at

Aktuelle Informationen von Eva Ulmer-Janes über Termine,
Veranstaltungsorte und Seminarinhalte finden Sie unter:
www.kontiki.at, **www.huna.at oder www.ibera.at**

Inhaltsverzeichnis

Zwischen Weinen und Lachen
schwingt die Schaukel des Lebens,
zwischen Weinen und Lachen
fliegt in ihr der Mensch.

Christian Morgenstern

Vorweg gesagt

Als ich im Jahr 1983 mit einer Filmcrew und einer Gruppe interessierter Menschen aus verschiedenen Ländern bei dem Schamanen Don Eduardo Calderon Palomino in Peru war, fragte er uns zuerst, warum wir eigentlich gekommen seien, worum es uns gehe. Eine deutsche Teilnehmerin meinte, sie wolle ihre helle Seite, das innere Licht stärker entwickeln und zu einer Heilerin werden. Unvergesslich bleibt mir Don Eduardos (für mich damals) unerwartet barsche Antwort: „Ja, du kannst dich entwickeln, aber du wirst immer beide Seiten entwickeln. Lerne, damit umzugehen!"

Dieser Satz begleitet mich seither, er hat viel zu meinem Verständnis dieser Welt und ihrer Bewohner, auch meiner selbst, beigetragen. Seither beobachte ich einerseits, was das Gesetz der Polarität für uns alle auf diesem Planeten Erde bedeutet, und andererseits, was geschieht, wenn jemand versucht, dieser „conditio sine qua non" (wörtlich übersetzt: „eine Bedingung, ohne die nicht", also eine quasi unentrinnbare, nicht wegzudenkende Voraussetzung) zu entwischen.

Haben Sie sich nicht auch schon einmal gewundert, dass es gerade unter den sogenannten (selbst ernannten) Lichtarbeitern so viele unglückliche und kranke Menschen gibt? Dass Menschen, die sich selbst für besonders religiös halten, besonders viel Unheil anrichten? (Das ist im Übrigen kein neues Phänomen: Auch die Kleriker, die die Inquisition erfanden und viele Menschen foltern und töten ließen, hielten ihr Handeln für besonders gottgefällig. Dasselbe gilt für die Conquistadores, die den Eingeborenen in Südamerika nur die Wahl zwischen völliger Aufgabe ihrer Kultur und ihrer Spiritualität und einem gewaltsamen Tod ließen. Letzterer sollte angeblich ihre Seelen retten … Die Liste lässt sich beliebig verlängern.) Dass Menschen, die erfolgreiche Bücher darüber geschrieben haben, wie man sich die Welt nach Belieben einrichten könne, ihre eigenen Probleme nicht in den Griff bekommen haben und sogar daran zugrunde gegangen sind?

Sicher ist, wie gesagt, wir können dem Gesetz der Polarität nicht entwischen, es nicht zu unserem vermeintlichen Vorteil austricksen. Ich denke, wir alle, die wir diese Erde bevölkern, haben uns längst dafür entschieden, genau unter dieser Bedingung unsere nächsten Lernerfahrungen zu machen: nämlich zu dem Zeitpunkt, als sich unsere Seelen auf die Reise in diese Inkarnation gemacht haben. Eindeutig zu spät, diesen Entschluss jetzt in Frage stellen zu wollen! Jetzt sind wir schon einmal da und sollten das Beste aus der Situation machen.

Und weil das eben so ist und weil meiner Beobachtung nach in unserem kulturellen Umfeld der kundige Umgang damit verloren gegangen ist, weil aber genau dieser Umstand so viel dazu beiträgt, dass wir auf allen Lebensgebieten zerstörerische Entwicklungen sehen und vielleicht auch im eigenen Leben in bisher unlösbaren Problemen feststecken, möchte ich gerne weitergeben, was ich in schamanischen Kulturen darüber gelernt habe. In Stammeskulturen gibt es nach wie vor tradiertes Wissen, wie wir angemessen mit uns selbst und unserer Umwelt umgehen können, ohne uns selbst und anderen Wesen das Leben schwer zu machen. Und das betrifft nicht nur das Verhältnis zur materiellen Natur und deren Ressourcen, sondern eben auch ganz grundsätzlich zu uns selbst und dem, was wir in der Welt bewirken wollen und können.

Polarität – was ist damit gemeint?

Der Begriff „Polarität“ ist in vielen Wissensgebieten gebräuchlich, er wird dort meistens neutral und ohne moralische Bewertung verwendet. So bedeutet er zum Beispiel Folgendes:

- in der Physik die Anordnung zweier Pole im Raum oder an einem Bauteil
- in der Chemie die Bindung von getrennten Ladungsschwerpunkten in Atomgruppen
- in der Biologie/Virologie das Verhältnis eines einzelsträngigen viralen Genoms zur Leserichtung der mRNA (englisch messenger RNA, auch Boten-RNA genannt)
- in der Politik (da wird es schon heikel) die politischen Gegensätze zwischen zwei Gruppen
- in der Philosophie das Verhältnis sich gegenseitig bedingender Größen zueinander

Polarität unterscheidet sich grundsätzlich von Dualität oder Dualismus. Bei Letzterem werden die jeweiligen Größen als unvereinbare Gegensätze gesehen. Ein polarer Gegensatz liegt hingegen vor, „wenn die Begriffe als die beiden (relativen) Enden einer Skala aufgefasst werden können“, steht in der Enzyklopädie für Philosophie und Wirtschaftstheorie von Kuno Lorenz. In manchen Texten werden die beiden Begriffe verwechselt oder gleichgesetzt, dabei beschreiben sie ganz Verschiedenes.

Duale Begriffe oder Zustände sind zum Beispiel „tot – lebendig“ oder „getrennt – verbunden“ oder „schwanger – nicht schwanger“. Sie merken schon, es handelt sich dabei um Sachverhalte, die einander ausschließen. Niemand kann ein bisschen tot und gleichzeitig ein bisschen lebendig sein. (Das Absterben von Zellen in unserem Körper gehört zu unserem Über-Lebensprogramm, es bedeutet für die einzelne Zelle zwar, dass sie zu 100% tot ist, aber gleichzeitig gilt das nicht für die 10 Billionen anderer, die den lebenden Organismus ausmachen und ständig neue Zellen produzieren.)

Polare Begriffe hingegen sind nie antagonistisch, sondern vielmehr komplementär, das heißt, die beiden Pole bedingen einander, sind ohne einander nicht denkbar, wie zum Beispiel hell – dunkel, heiß – kalt, arm – reich, gesund – krank, Mann – Frau, Krieg – Frieden, hoch – tief, nass – trocken, alt – jung, Tag – Nacht, und so weiter. Diese Gegensatzpaare beschreiben immer nur die gegenüberliegenden Enden oder Seiten derselben Sache oder Befindlichkeit, wie zwei Seiten derselben Medaille, untrennbar zu einer Einheit verbunden. Jeder Begriff ist nur durch den Gegenpol erklärbar, lässt sich allein nicht definieren. Niemand kann verstehen, was gesund bedeutet, wenn er noch niemals krank war und auch noch nie Kranke gesehen hat. Und auch Armut lässt sich nur als Gegenpol zum Reichtum erfassen. Kein Wunder also, dass Kinder, die für unsere Vorstellungen in Armut aufwachsen, das nicht so empfinden, solange ihre primären Bedürfnisse gestillt sind und alle anderen Kinder in ihrer Umgebung unter den gleichen Bedingungen leben.

Ganz wesentlich ist, dass diese gegenüberliegenden Pole nur einen Kontrast markieren, dass ihnen aber keinerlei Wertung zukommt. Sie sind wie die oberen und unteren Umkehrpunkte einer Welle, sie machen Leben im Sinn von Bewegung überhaupt erst möglich. Das

gehört zu unserer ureigenen Erfahrungswirklichkeit: Wir alle wissen, dass wir nicht nur einatmen können. Wir müssen auch ausatmen, in einem gleichmäßigen Rhythmus, sonst werden wir krank oder sterben sogar.

Ebenso klar ist es jedem von uns, dass wir nicht nur essen und trinken können, wir müssen uns auch regelmäßig entleeren, um gut und gesund leben und gedeihen zu können. Vernachlässigen wir einen Teil dieses körperlichen Geschehens, geraten wir bald in Schwierigkeiten. (In meinen Augen gilt das auch im Nichtmateriellen: Selbst da müssen Aufnehmen und Abgeben in Balance sein, sonst entstehen bald Probleme.) Und wir können nicht für immer wach bleiben, wir müssen auch schlafen, um uns wohl fühlen zu können.

Was ist unter diesem Blickwinkel von einem Satz wie „Geben ist seliger denn Nehmen" zu halten? Wie geht es Ihnen mit Mitmenschen, die Ihnen immer helfen, selbst aber keine Hilfe annehmen wollen? Kann daraus eine tragfähige, ausgewogene Beziehung, eine lebenslange Freundschaft entstehen? Wohl eher nicht. Mit dem Ungleichgewicht im Umgang miteinander wachsen auch emotionale Spannungen. Der gebende Teil fühlt sich lange Zeit überlegen, aber möglicherweise schon nach einer geringfügigen Irritation ausgenutzt und reagiert plötzlich nicht mehr verständnisvoll und unterstützend. Und der andere Teil hat inzwischen längst ein immer stärker werdendes Gefühl von Unterlegenheit und Abhängigkeit entwickelt, was ihn schon bei nichtigen Anlässen gereizt reagieren lässt. Die Unausgewogenheit in der Beziehung hat alles, was einmal an Zuneigung und Nähe da war, zerstört. Beide Personen fühlen sich unverstanden und gekränkt und wollen nur noch raus aus dieser Konstellation.

Wir könnten nun lange darüber philosophieren, wie es zu dieser Annahme gekommen ist, dass Geben moralisch höher zu bewerten sei als Nehmen. Tatsache ist, dass das eine immer das andere bedingt, dass ein Geber einen Empfänger braucht, um überhaupt geben zu können. Wir sehen also, die Problematik entsteht in dem Moment, in dem eine Bewertung stattfindet. Sobald wir einen der Pole für wertvoller als den anderen halten, geraten wir in gedankliche, zwischenmenschliche und auch ganz alltäglich-praktische Turbulenzen.

Im Folgenden werde ich genauer ausführen, welche Erfahrungen ich mit Menschen gemacht habe, die das Gesetz der Polarität vielleicht theoretisch anerkennen, aber es offensichtlich bisher nicht auf sich selbst angewendet haben.

Die Beobachtung, dass die Polarität ein Grundprinzip in allen Lebensbereichen auf der Erde und im materiellen Teil des Universums ist, haben gescheite Leute schon vor Jahrtausenden dokumentiert. Heraklit von Ephesos hat um 500 vor Christus „den Gegensatz zum Prinzip der Entwicklung“ erklärt. Und schon 100 Jahre davor haben die Pythagoreer zehn Gegensatzpaare als grundlegende Prinzipien in allen Dingen aufgestellt. Dazu gehören zum Beispiel: begrenzt – unbegrenzt, bewegt – unbewegt, rechts – links, männlich – weiblich, Licht – Finsternis.

Der Philosoph Georg Wilhelm Friedrich Hegel hat um 1800 von der Polarität als „von einem Unterschied, in welchem die Unterschiedenen untrennbar sind“ gesprochen.
Christliche Philosophen und Mystiker sprachen immer wieder von der Vereinigung aller Gegensätze in Gott beziehungsweise im Unendlichen.

Natürlich kennen Sie das Symbol für Yin und Yang aus dem Taoismus.

Ist Ihnen aufgefallen, dass in jedem Teil auch der jeweils andere Aspekt als Punkt enthalten ist? Das ist durchaus bedeutsam und zeugt von der Weisheit der chinesischen Philosophen. Yin und Yang werden als einander ergänzende Gegensätze dargestellt, die auch den anderen Pol im eigenen Wesenskern beinhalten.

Im Taoismus (Tao heißt ursprünglich „Weg", später „höchste Wirklichkeit", „höchstes Mysterium", das „Absolute"), der jahrtausendealten chinesischen Philosophie, geht man davon aus, dass Yin (ursprünglich die Schattenseite eines Hügels) und Yang (die der Sonne zugewandte Seite) sich am Gipfelpunkt, dem Taiji, vereinigen. So gehen alle Dinge, auch scheinbare Gegensätze, aus demselben Urgrund hervor und stehen letztendlich in Harmonie zueinander. Taiji, die Einheit der komplementären Polaritäten, ist aus dem Nicht-Seienden hervorgegangen und bringt nun seinerseits die gesamte Welt der Erscheinungen hervor. Laotse hat geschrieben: „Tao erzeugt Eins, Eins erzeugt Zwei (Yin und Yang), Zwei erzeugt Drei (Yin, Yang und Taiji), Drei erzeugt alle Dinge." Taiji ist also das ordnende Urprinzip im Universum; im Wechselspiel zwischen Yin und Yang, in Bewegung und Wandel, erfahren wir die (materielle) Welt.

Diese Grundidee, dass hinter allen Dingen eine Art höhere Harmonie existiert, hat die gesamte ostasiatische Kultur zutiefst beeinflusst. Das Bemühen um das Einswerden mit dem Taiji drückt sich bis heute nicht nur in der Spiritualität, sondern auch in der Stadtplanung, in der Gesellschaftsordnung, in der Medizin und in anderen Lebensbereichen aus.

Eine ähnliche Idee, wie sie im bekannten Yin-Yang-Zeichen dargestellt ist, hat auch Carl Gustav Jung, der Begründer der analytischen Psychologie, verfolgt, indem er die Begriffe „Animus" und „Anima" für die Seelenbilder der gegengeschlechtlichen, aus dem Selbstbild ausgeschlossenen seelischen Inhalte formulierte. „Animus" wird also das Männliche in der Frau und „Anima" das Weibliche im Mann genannt. So hat also jeder Teil des Gegensatzpaares Mann – Frau auch noch den gegensätzlichen Aspekt im eigenen Wesenskern verkörpert. Und Harmonie findet dann statt, wenn sowohl ein Mann seine „Anima" und eine Frau ihren „Animus" anerkannt und integriert als auch Mann und Frau zueinander gefunden haben, ohne noch länger ihre eigenen verdrängten Anteile (Schattenaspekte) auf das jeweilige Gegenüber zu projizieren.

Jung war davon überzeugt, dass Männlichkeit und Weiblichkeit die Grundpole der Schöpfung sind, die Gottes eigenes Wesen widerspiegeln. Es ist die polare Beziehung zwischen männlich und weiblich, die das Wesen jedes Menschen sowie Wesen und Qualität jeder Beziehung ausmacht.

Wenn wir ernst nehmen, dass es in Gott keine Polarität, keine Gegensätze gibt, heißt das natürlich auch, dass jede Wertung oder Bevorzugung eines Pols menschengemacht und Ausdruck eines bestimmten Denkmusters ist, aber keineswegs als göttlich oder gottgewollt betrachtet werden kann. Wie gesagt, Pole sind nur die gegensätzlichen Enden einer Skala, die diametralen Aspekte einer Vorstellung, untrennbar miteinander verbunden.

Erstaunlicherweise verlieren die meisten Menschen diese neutrale Einschätzung beider Pole sofort, sobald sie sich aus dem gesicherten Gefilde der Wissenschaft hinauswagen, sobald es also um sie selbst geht, um ihre Persönlichkeit, um ihre zwischenmenschlichen Erfahrungen und um ihren beruflichen Erfolg. Ist das nicht sehr verwunderlich?

Was kann es bedeuten, das Gesetz der Polarität im eigenen Leben anzuerkennen? Und was für Folgen ergeben sich daraus?

Gerade Personen, die sich ausgiebig mit ihren Wertvorstellungen und ihrem Bezug zur Spiritualität – in welchem religiösen Kontext auch immer – befassen, sind meistens in Bewertungen gefangen. Die dunkle Seite ist für sie negativ, schlecht, unerwünscht. Und daher bemühen sie sich, diese sogenannten Schattenaspekte möglichst zu erlösen und loszuwerden. In meiner schamanischen Arbeit bin ich schon oft damit konfrontiert worden, dass Menschen sich redlich bemühen, „bessere Menschen“ zu werden und ihre Probleme zu lösen, aber auf merkwürdige Weise doch immer wieder vom Regen in die Traufe zu fallen scheinen.

Das zeigt sich nicht nur in der materiellen Welt, wo vielleicht manche meinen, die Tatsache, dass sie in Geldnöten sind, sei schon ein Beweis dafür, dass sie eben auf der richtigen, der guten Seite stehen, die nicht unter dem Diktat des schnöden Mammons stehe. Ich habe Leute getroffen, die ihre oft schweren Erkrankungen als Zeichen dafür nahmen, dass sie eben weniger oberflächlich, also „besser“ seien als diese dummen, kraftvollen Gesundheitsprotze. Ja, ich neige dazu zu behaupten, dass wir in unseren Breiten noch immer das Denkmuster bedienen, dass Leiden an sich ein Wert sei. Kennen Sie nicht auch jemanden, der die Meinung vertritt, dass derjenige den jeweiligen Partner tiefer liebe, der oder die an dieser Liebesbeziehung mehr leidet? Oder sind Ihnen vielleicht schon Menschen begegnet, die entgegen ihrer postulierten „Licht & Liebe“-Haltung und vielleicht aufgrund der täglichen Strapazen, die sie dafür auf sich nehmen, Andersdenkenden gegenüber ganz besonders ablehnend, ausgrenzend und abwertend agiert haben? Was veranlasst einzelne extremistische Tier- oder Umweltschützer, ihre Wertvorstellungen mit Gewalt durchsetzen zu wollen?

Wenn wir das Gesetz der Polarität wahr- und unsere Verantwortung dafür übernähmen, dass wir uns genau diese gegenwärtigen sozialen und genetischen Bedingungen zu einem bestimmten Zeitpunkt für dieses Leben ausgewählt haben – bewusst oder unbewusst macht keinen Unterschied –, hätten wir die Chance, mit den polaren Gegensätzen in allen Lebensbereichen kreativ, respekt- und liebevoll umgehen zu lernen. Zu unserem eigenen Besten und zum Besten von allen!

Ich will keineswegs etwas schönlügen und behaupten, alles sei gut, wie es ist. Und ich will auch niemals geringschätzen, dass Menschen sich bemühen, Lebensbedingungen auf diesem unserem Heimatplaneten zu verbessern. Mir geht es nur darum, verständlich zu machen, wie der kundige und konstruktive Umgang mit der Polarität aussehen kann, weil es eben keinen Sinn ergibt, etwas abzulehnen und gegen etwas anzukämpfen, dem wir in diesem Leben nicht entrinnen können.

Die hermetischen Gesetze

Der Stich von 1610 zeigt eine lateinische Fassung der *Tabula Smaragdina*, eingraviert auf einen Felsen, aus einer Ausgabe des *Amphitheatrum Sapientiae Eternae* des Alchimisten , Hannover 1609

Der Legende nach soll dieser Text, auf zwei Tafeln oder Säulen aus Smaragd eingraviert, unter einer Hermesstatue im Grab des Hermes in Ägypten gefunden worden sein. Bis in die frühe Neuzeit glaubte man, dass der sagenumwobene Autor dieser Zeilen, Hermes Trismegistos (der dreimal Größte), der Meister des geheimen Wissens, wirklich gelebt habe. Inzwischen gehen Forscher davon aus, dass es sich dabei wohl um eine Verschmelzung zweier Götter handelt, und zwar um den griechischen Götterboten Hermes und den ägyptischen Gott Thot, assoziiert mit dem Mond und zuständig für Wissenschaft und Magie. Aber weder die eine noch die andere Sichtweise lässt sich bisher eindeutig belegen – vielleicht gab es diesen hochverehrten Weisen, angeblich einen Zeitgenossen und Lehrer Abrahams, ja doch …

Allerdings gehören die sogenannten Schriften des Hermes Trismegistos, zusammengefasst als Corpus Hermeticum, mit zu den wichtigsten in der Geschichte der magischen, astrologischen, medizinischen und alchemistischen Tradition Europas, aber auch des arabischen Raums. Schon aus dem 2. Jahrhundert sind Teile davon überliefert, zumeist in lateinischer Übersetzung. Erst Anfang des 20. Jahrhunderts fanden Wissenschaftler dann auch Fassungen in arabischer Sprache, die älteste stammt aus dem Jahr 825 nach Chr. Fragmente davon sind sogar in den koptischen Nag-Hammadi-Schriften enthalten, die aus den ersten Jahrhunderten nach Christus stammen und 1945 zufällig von Bauern in Ägypten ausgegraben wurden. (Die abenteuerliche Geschichte dieser frühchristlichen, gnostischen Schriften lohnt, nachgelesen zu werden.)

Obwohl die Formulierungen für unser heutiges Empfinden schwer verständlich sind und mehrere Deutungen zulassen, blieb deren Einfluss auf Okkultisten, aber auch viele Naturwissenschaftler bis zum heutigen Tag ungebrochen. Unser neuzeitliches Verständnis von Polarität und der Beziehung zwischen Makrokosmos und Mikrokosmos lässt sich durchaus auch schon in diesen alten Weisheitslehren finden.

1908 erschien eine neue Aufbereitung des Inhalts der „Tabula Smaragdina“ unter dem Titel „Das Kybalion“. Sollten Sie sich damit näher beschäftigen wollen, finden Sie einen gekürzten deutschen Text, aber auch das englische Original im Internet. Hier möchte ich der Vollständigkeit halber kurz die darin abgehandelten sieben Grundprinzipien anführen:

1. Das Prinzip der Mentalität besagt, dass das All Geist, also auch das sichtbare Universum geistig, Ausdruck des Geistes ist. Der Geist, das Bewusstsein, ist die Matrix, die sich in der materiellen Welt manifestiert.
2. Das Prinzip der Entsprechung lautet: „Wie oben, so unten; wie innen, so außen; wie der Geist, so der Körper.“ Die Verhältnisse im Makrokosmos (Universum) entsprechen demnach denen im Mikrokosmos (Atom). Oder mit den Worten von Schamanen ausgedrückt: „Außenwelt spiegelt Innenwelt.“
3. Das Prinzip der Schwingung bedeutet, dass nichts ruht, sondern alles in Bewegung ist und schwingt. Heute gehen Wissenschaftler davon aus, dass das ganze Universum in Bewegung ist (auseinander driftet), so wie auch jedes subatomare Teilchen immerzu schwingt. Jeder Klang, jede Farbe lässt sich als Schwingung mit einer bestimmten Frequenz definieren.
4. Das Prinzip der Polarität meint: „Alles ist zweifach, alles ist polar.“ Jedes Ding hat zwei Seiten, gleich und ungleich beschreiben im Grunde dasselbe. Gegensätze sind ihrer Natur nach identisch, nur in ihrer Ausprägung verschieden. Alle Wahrheiten können nur Halb-Wahrheiten sein, weil das jeweilige Gegenstück ebenso wahr ist. So können alle Paradoxa in Übereinstimmung gebracht werden.

5. Das Prinzip des Rhythmus besagt, dass alles fließt – hinein und hinaus. Alles hat seine Gezeiten, alles hebt sich und fällt wieder. Der Ausschlag des Pendels nach rechts entspricht dem Ausschlag nach links. Wellenhoch und Wellentief entsprechen einander. Rhythmus gleicht aus.
6. Das Prinzip von Ursache und Wirkung erläutert, dass alles gesetzmäßig erfolgt. „Jede Ursache hat ihre Wirkung, so wie jedes Phänomen seine Ursache hat. Zufall ist nur die Bezeichnung für ein (noch) unerkanntes Gesetz."
7. Das Prinzip des Geschlechts offenbart sich in allem. Alles hat ein männliches und ein weibliches Prinzip, das jegliche Schöpfung zeugt und sich in dieser zeigt, sei sie physischer, mentaler oder geistiger Natur.

Unserem Thema entsprechend möchte ich noch ein paar Ergänzungen zur Polarität anbringen, ein paar Beispiele, die das Verständnis vielleicht erleichtern können:
Wenn wir weit genug Richtung Osten reisen, werden wir irgendwann einen Punkt erreichen, der von unserem Ausgangspunkt aus betrachtet im Westen liegt. Wir kehren also aus westlicher Richtung zurück, ohne eindeutig definieren zu können, wann und wo sich der Osten in den Westen verwandelt hat. Dasselbe können wir erfahren, wenn wir weit genug gen Norden unterwegs sind: Plötzlich bewegen wir uns Richtung Süden, ohne dass wir die Richtung unserer Bewegung verändert haben.

Wir betrachten „heiß" und „kalt" als gegensätzliche Pole, aber auch dabei handelt es sich streng genommen um Begriffe, die nur unterschiedlichen Markierungen auf einem Thermometer entsprechen. Wie weit aber dessen Skala in die eine oder andere Richtung reichen kann und soll, lässt sich nicht so ohne weiteres festschreiben. Und erst recht nicht, wo genau sich warm in kalt verwandelt! Abgesehen davon, dass wahrscheinlich ein Inuk in Grönland unter „kalt“ etwas anderes versteht als ein Mitteleuropäer.

Auch die Physiker haben es schwer mit der Definition der Skala: In der Schule haben Sie vielleicht vom absoluten Nullpunkt bei null Grad Kelvin (-273,15 Grad Celsius) gehört, inzwischen haben aber Gasmoleküle in Experimenten am Max-Planck-Institut für Quantenoptik in Garching eine tiefere Temperatur erreicht. Abhängig von der technischen Entwicklung der entsprechenden Messgeräte, können „tiefste“ oder „höchste“ Temperaturen gemessen oder berechnet werden, was aber nichts über eine absolute Unter- oder Obergrenze aussagt.

Was wir sagen können, ist, dass es zwischen den jeweiligen Polen bei jedem Gegensatzpaar eine Vielzahl an Zwischenstufen gibt, die jeder Mensch ganz subjektiv mehr dem einen oder dem anderen Pol zuordnet.

Wann geht denn der Tag in die Nacht über? Astronomen können den Sonnenauf-, beziehungsweise -untergang berechnen, aber wann es an einem bestimmten Ort „noch hell“ oder „schon dunkel“ ist, empfinden unterschiedlich lichtempfindliche Personen sicher verschieden. Damit will ich sagen, dass jede Zwischenstufe so oder so wahrgenommen und interpretiert werden kann. Dass ein und derselbe Gegenstand für die eine Person unangenehm heiß und für eine andere angenehm warm sein kann. Die Gegensätze oder Pole gehen ineinander über.

Es lassen sich noch viele weitere Beispiele anführen:
Wenn Sie eine Tonleiter hochklettern, erreichen Sie irgendwann Ton-

höhen, die das menschliche Ohr nicht mehr hören kann. Das ist aber noch lange nicht der allerletzte Endpunkt der Skala – Fledermäuse könnten Ihnen etwas darüber erzählen!

Und auch das Farbspektrum umfasst nicht nur den Bereich von Violett bis Rot, den unsere menschlichen Augen wahrnehmen können, es handelt sich also auch hier wieder um relative Begriffe. Das gilt ebenso für „groß und klein", „laut und leise", „hart und weich" oder „spitz oder stumpf".

Das bedeutet, dass wir jeden Begriff in sein Gegenteil transmutieren können, indem wir unseren Blickwinkel, die Vergleichsgrößen und/oder die Bewertung des fraglichen Begriffs verändern. Und damit verändern wir gleichzeitig auch die Auswirkung, die die genannte Größe auf uns und unser Leben in der alltäglichen Wirklichkeit hat. Wenn wir das Sommerwetter als angenehm warm bezeichnen, hat das auch körperlich einen anderen Einfluss auf uns, als wenn wir die exakt gleiche Wetterkonstellation unerträglich heiß nennen.

Das Gesetz der Polarität besagt nur, dass es zu jedem Pol einen Gegenpol gibt, aber es gibt nicht vor, wie wir die Pole bewerten sollen. Letzteres ist unsere eigene gedankliche Kreation, bei der natürlich auch anerzogene Denkmuster und Einflüsse aus dem Umfeld eine gewisse Rolle spielen.

Ganz schwierig wird es, wenn die Gegenpole „Licht und Finsternis" oder „positiv und negativ" moralisch gewichtet werden. Ich habe schon oft feststellen können, wie selbstverständlich und unreflektiert diese

Bewertungen vorgenommen werden und wie mühsam dadurch der Umgang mit den abgelehnten oder abzulehnenden, aber leider nach wie vor vorhandenen Anteilen in der eigenen Persönlichkeit oder in privaten und beruflichen Beziehungen wird.

Erinnern Sie sich bitte an mein kleines Erlebnis vom Beginn: Don Eduardo hat ganz klar gesagt, dass wir als Wesen in einem menschlichen Körper auf diesem Planeten an das Gesetz der Polarität gebunden sind. Wenn wir den Gedanken weiterdenken, ergibt sich daraus zwingend, dass jedes Bemühen darum, ein besserer Mensch zu werden, auch die destruktiven Aspekte verstärkt. Es gibt kein Entkommen! Wir können nur lernen, damit kundig und achtsam umzugehen.

„Der gesunde Menschenverstand ist die Summe der Vorurteile, die man bis zu seinem 18. Lebensjahr angesammelt hat.“

Albert Einstein

Die beiden meistverbreiteten Missverständnisse

Es gibt vor allem zwei Gruppen von Menschen, die sich einer reellen Wahrnehmung und vernünftigen Umsetzung des Prinzips der Polarität verschließen:
Zu der einen gehören die „Macher“ und ihre Epigonen, Menschen, die entgegen ihrer täglichen Erfahrung überzeugt davon sind, dass sie dem Leben zwischen und mit beiden Polen entwischen können. Das sind diejenigen, die glauben, dass sie zumindest in ihrem eigenen Umfeld, in ihrem Beruf, in ihren Besitzverhältnissen, in ihrem Machtbereich keinerlei Einschränkungen unterliegen, wenn sie es nur geschickt genug anstellen. So kann es dazu kommen, dass sie allen Ernstes Unternehmenskonzepte verfolgen, die auf endloses Wachstum ausgelegt sind.

Wir haben derzeit ein Wirtschaftssystem, das nur so lange funktioniert, so lange es einen Zuwachs an Umsatz und Gewinn gibt. Wissenschaftler haben längst nachgewiesen, dass es auch in solch einem neoliberalen kapitalistischen System Zyklen gibt, dass es nämlich in etwa alle 30 Jahre zusammenbricht. Und dennoch richten Manager ihren Fokus darauf aus, dass sie davor noch möglichst viele Schäfchen ins Trockene bringen, den Schaden auslagern (zur Konkurrenz, in ein anderes Land, auf einen anderen Kontinent ...) oder sogar noch an der Katastrophe verdienen können. Längst gibt es Finanzprodukte, bei denen auf den Absturz gewisser Aktien oder sogar Staatsanleihen spekuliert wird. Noch viel schlimmer ist es, dass es gerade unter den Finanz- und Wirtschaftsbossen Leute gibt, die davon ausgehen, dass ein Krieg ihnen den meisten Gewinn bringen wird: Einerseits kann man dabei viele Waffen verheizen – das gefällt der Rüstungsindustrie –, man muss viele verletzte Menschen versorgen, und zwar unter nicht reglementierbaren Bedingungen – das könnte Pharmakonzernen gefallen –, und zu guter Letzt gibt es doch keine schönere Spielwiese für erfolgshungrige Unternehmer als den Wiederaufbau eines zerstörten Landes, wo sich alles und jedes an Alltagsprodukten in reicher Vielzahl verkaufen lässt.

Oberflächlich betrachtet kann es über eine gewisse Zeit und in einem begrenzten Raum so aussehen, als funktionierte dieses Modell zumindest für eine kleine Minderheit der Weltbevölkerung. Aber es ist nur eine Frage der Geduld oder der Beschäftigung mit nicht öffentlich breitgetretenen Informationen, bis man einen völlig anderen Eindruck gewinnt. Mit einem einigermaßen offenen Blick lässt sich schon heute erfassen, dass die Polarität ihren Tribut einfordert. Es ist gleichgültig, ob man die Auswirkungen des Raubbaus an der Natur, der Ausbeutung breiter Bevölkerungsschichten oder einer rücksichtslosen Gesundheitsindustrie näher betrachtet: Das Pendel bewegt sich in die Gegenrichtung, die andere, so lange ignorierte Seite wird immer stärker. Und zum Schluss kehrt sich alles von oben nach unten und von unten nach oben. Schließlich könnte man aus der Geschichte lernen, dass noch jede Hochkultur, unabhängig davon, wie wohlhabend oder fortschrittlich sie war, irgendwann einmal doch untergegangen ist.

Wenn wir hinter die Kulissen schauen könnten, ließen sich wahrscheinlich auch viele Beispiele dafür finden, dass sich diese Gesetzmäßigkeit auch im Privaten und in den persönlichen Schicksalen der betreffenden Personen zeigt.

Erinnern Sie sich daran, wie kleinere Unternehmen und Handwerksbetriebe früher funktioniert haben: Sie sind wie ein Baum bis zu einer stabilen Größe angewachsen und dann mehr oder weniger gleich geblieben. Wie bei einer Pflanze sind manchmal Teile abgestorben und neue nachgewachsen, oftmals über etliche Generationen. Ich kann mir nicht vorstellen, dass der Tischler meiner Großeltern jemals überlegt hätte: „Letztes Jahr habe ich 27 Möbelstücke angefertigt, also müssen es heuer 30 sein, sonst bin ich nicht erfolgreich." Er hat in einem Jahr mehr und in einem anderen Jahr weniger gearbeitet, je nach Auftragslage, Mitarbeiterstand, Gesundheitssituation – und es war gut so. Diese kleinen Schwankungen waren ohne Probleme zu verkraften.

So könnte ich zusammenfassend den renommierten österreichischen Wirtschaftswissenschaftler Fredmund Malik zitieren, der nur die Unternehmen für gesund hält, die in manchen Jahren auch ein sogenanntes „Nullwachstum" oder sogar leichte Rückgänge ausbalancieren können, ohne ins Trudeln zu geraten und ohne Mitarbeiter oder Standorte abbauen zu müssen.

Polarität existiert auf diesem Planeten oder vielleicht sogar im gesamten materiellen Universum, so wie wir es bisher kennen. Es gibt kein Schlupfloch und keinen Trick, um ihr zu entkommen. Wir können nur lernen, auf eine gute, respektvolle, lebendige und kreative Weise damit umzugehen. Und dazu gehört eben, sich wieder auf das Alte Wissen unserer Ahnen zu besinnen, die wussten, dass es klug ist, rechtzeitig und freiwillig einen Beitrag zu leisten, der den Gegenpol zu Wachstum und Zugewinn bedient. Unsere Altvorderen ebenso wie die Menschen in schamanischen Traditionen gaben immer freiwillig etwas auf oder ab, forderten niemals 100% von was auch immer.

Das führt uns zum nächsten Thema innerhalb dieser Personenkonstellation, das gut geeignet ist, die Betreffenden selbst oder aber solche, die mit ihnen zu tun haben, wie Familienmitglieder oder Mitarbeiter, unglücklich zu machen: die Illusion, dass wir 100% erreichen können, wenn wir uns nur intensiv genug darum bemühen. Dabei hat sich zum Beispiel im Bereich Produktentwicklung längst herausgestellt, dass die anfallenden Kosten gleich hoch sind, um von 0 auf 95% Perfektion in Form oder Funktion zu kommen wie um von 95 auf 100%. Der Aufwand für die letzten 5% ist also gleich hoch wie der für die ersten 95. Könnte es da nicht eine kluge Entscheidung sein, auf die letzten 5% einfach zu verzichten und mit dem Ersparten ein weiteres Produkt ebenso weit zu entwickeln?

Und was bedeutet dieser 100%-Anspruch für uns selbst oder unsere Mitmenschen? Mir scheint, viele von uns haben aus der Schule die Erfahrung mitgenommen, dass das Ziel eigentlich immer „null Fehler" heißen muss. Und so stellen sie an sich selbst in allen Lebensbereichen den nämlichen Anspruch, sie versuchen mit allen Mitteln, Fehler zu vermeiden oder – wenn das wieder einmal nicht gelungen ist – diese zu vertuschen. Beides kann unglücklich machen, weil es ebenso schwer ist, als Perfektionist wie mit einem solchen zusammen zu leben. Fehler, zu denen keiner stehen will, lassen sich kaum korrigieren. Es entsteht ein Kartenhaus aus Notlügen, das früher oder später zusammenbrechen wird.

Bis dahin erleben Menschen, die sich selbst und anderen gegenüber keinerlei Nachsicht für Unvollkommenheiten üben können, schlimme Zeiten. Sie halten sich für Versager, wenn einmal etwas misslingt, sie zerstören Beziehungen, weil ihnen niemand gut genug ist, und sie hadern schwer damit, dass sie älter werden und jugendliches Aussehen und Leistungsfähigkeit schwinden. In späteren Kapiteln werden wir beleuchten, was das Streben nach Perfektion in unterschiedlichen Bereichen auslöst und wie wir oft mit kleinen Veränderungen diesem Lebensgesetz Genüge tun und die Balance wieder finden können.

Zur zweiten Gruppe gehören Menschen, die sich von außen betrachtet sehr deutlich von den ersteren unterscheiden. Sie versuchen nicht, für sich auf der materiellen Ebene möglichst viele Vorteile herauszuschlagen. Nein, sie weisen das oftmals von sich, bestehen darauf, mehr zu geben als anzunehmen. Sie sind die „Guten", die „Lichtarbeiter", die viel Zeit und Geld investieren, um ihre helle, liebevolle Seite zu entfalten und wachsen zu lassen.

Allerdings machen sie einen grundlegenden Fehler, der ihr ganzes Denken und Handeln bestimmt: Sie wissen zwar darum, dass es die beiden Pole in allen Lebenslagen gibt, aber sie betrachten sie nicht neutral, sondern bewerten sie unterschiedlich. Da gibt es die helle, positive, liebenswerte Seite, die alle Aufmerksamkeit verdient, und dann eben die dunkle und negative, die sie ablehnen und unterdrücken. Nur bewirkt das Ignorieren und Abwerten unserer dunklen Aspekte keineswegs, dass diese verschwinden. Ich bin davon überzeugt, dass sogar das Gegenteil eintritt: Die so lange missachteten Facetten unserer Persönlichkeit gewinnen mehr und mehr an Kraft, je größer der Widerstand gegen sie ist. Und je länger sich jemand bemüht, sie hintanzuhalten, umso mühevoller und schwieriger wird es.

Dazu hat Don Eduardo Calderon, der peruanische Schamane, so richtig angemerkt: Ja, wir können uns entwickeln, aber dabei entwickeln wir immer beide Anteile. Es geht darum, mit beiden kundig umgehen zu lernen. Eine Angehörige der kanadischen Algonquin, Louise Wawate, hat in einem Seminar weitergegeben, was ihr ihre Großmutter zu diesem Thema beigebracht hat: **„Alle deine Erfahrungen, alles, was andere getan haben, alles, was du getan hast, all das sind wertvolle Werkzeuge. Gib die freundlichen Erinnerungen auf die linke Seite und die schlimmen auf die rechte, aber behalte sie alle, damit du darauf zurückgreifen kannst, wenn du sie brauchst.“ Keine Bewertung, keine Aufforderung, die schlechten Erinnerungen zu heilen, keine Ablehnung der eigenen unerfreulichen Eigenschaften oder Taten!**

Möglicherweise haben wir in diesem christlichen Abendland von klein auf gelernt, dass wir nur in den Himmel kommen können, wenn wir keine Sünden begehen. Und da wir doch alle den Teufel und die Hölle fürchten, bemühen wir uns seither, brave Kinder zu werden. Das klingt wohl simplifiziert, beschreibt im Kern aber doch genau, worum es geht: Wir sollten es schaffen, aus der Polarität herauszutreten und kraft unseres Geistes das Niedrig-Animalische in uns auszurotten. Ich erinnere mich noch an Sätze, die mich schon als Kind aufgeregt haben: „Wenn du nicht brav bist, weint das kleine Jesulein.“ Obwohl uns auch da die Geschichte schon allerhand darüber gelehrt haben könnte, was passiert, wenn jemand seine dunkle Seite vergewaltigt und dann das vermeintlich Böse hochmütig in anderen bekämpft.

Natürlich frage ich mich auch, was für ein Gottesbild hinter solchen Lehren steckt. Offenbar auch eines, das polarisiert: Auf der einen Seite steht der liebe Gott und auf der anderen Satan, der Schuld an allem trägt, was sich mit der Idee vom „lieben Gott“ nicht vereinbaren lässt. Man könnte sagen, so ein Gott wird mit menschlichen Maßstäben gemessen, weil wohl die Vorstellung von einem Wesen, in dem alle Gegensätze enthalten sind und sich vereinen, unseren Menschenverstand übersteigt. Das hat Tradition, schon die alten Griechen haben ihren Göttern unübersehbar menschliche Stärken und Schwächen zugesprochen.

Viele Menschen, die heute spirituelle Wege gehen, wollen zwar von den etablierten Kirchen nichts mehr wissen, ihre Denkmodelle haben sich aber im Grunde nicht geändert. Da gibt es das Gute, das es zu mehren gilt, und das Schlechte, das sie beklagen und meiden oder auflösen wollen. So habe ich auch eine gewisse Skepsis gegenüber den Methoden, bei denen es darum geht, „seinen Schatten zu erlösen". Warum sollte ich das tun? Mir gefällt das Modell von Louises Großmutter viel besser, in dem alle Aspekte der Persönlichkeit als Werkzeuge betrachtet werden, die es eben kundig und angemessen in den richtigen Situationen einzusetzen gilt. Das Bild von der Werkzeugkiste macht auch so gut begreifbar, dass ich wissen muss, was sich darin befindet, dass ich gelernt haben muss, jedes dieser Werkzeuge gut zu führen, und im Übrigen keinerlei Stress damit habe, mich dauernd damit zu beschäftigen. Wenn ich eine funktionierende Bohrmaschine habe, ist das gut zum Löcherbohren, wenn ich welche benötige. Aber ich muss doch meine Wände nicht täglich perforieren, um mich zu vergewissern, dass das geht.

Mit einem Hammer oder einem Messer kann man natürlich auch Menschen verletzen, aber als Werkzeuge sind sie neutral. Wenn ich sie verantwortlich verwende, kann ich mit dem Hammer einen Nagel einschlagen und mit dem Messer Brot schneiden, und das schadet niemandem. Im übertragenen Sinn gilt das Gleiche auch für menschliche Fähigkeiten und Wesenszüge. Allerdings kann ich nur diejenigen gut und förderlich einsetzen, mit denen ich umzugehen gelernt habe. Aber alles, was ich nicht anschauen will, was ich verachte, gering schätze und ignoriere, werde ich mit hoher Wahrscheinlichkeit weder gut kennen noch beherrschen und klug handhaben können. Wie sagte der Fuchs zum kleinen Prinzen? „Zähmen heißt, sich vertraut machen."

Rüdiger Dahlke erzählt in Vorträgen, dass er oft mit den Ergebnissen dieser falsch verstandenen Persönlichkeitsentwicklung zum Guten konfrontiert werde. Ihn schreiben Menschen an, die jahrelang „Lichtarbeit" gemacht haben, inzwischen aber schwer erkrankt sind und nun zum Ausgleich für ihre jahrelange Selbstvergewaltigung von ihm gratis behandelt werden wollen. Was können wir aus dieser Schilderung ablesen? Fürs Erste handelt es sich offenbar um Menschen, die ihre eigenen dunklen Aspekte ablehnen und sich daher nicht darum gekümmert haben. Wahrscheinlich haben sie auch immer wieder Emotionen, die sie selbst als negativ betrachten (wie Wut, Neid, Eifersucht, Verachtung), unterdrückt, was auf dieser Seite der Polarität einen heftigen Energiestau bewirkt hat. Und diese sogenannte „negative" Energie, die jahrelang nicht nach außen dringen durfte, weil solche Ausbrüche ja das selbstgewählte Image zerstört hätten, richten nun im Inneren Schaden an. Der Mensch ist ernstlich erkrankt. Dazu kommt nun auch noch eine Portion Hochmut (weil man doch ein besserer Mensch als andere ist), der ihm vermeintlich das Recht gibt, von einem erfolgreichen Mann Gegenleistungen einzufordern. Ein insgesamt erstaunliches Konzept!

Auch mir sind schon unangenehme Dinge von Personen widerfahren, die eindeutig schon viel „weiter" sind als ich. Kaum jemals ist mir so viel

Anmaßung, Besserwisserei und Verurteilung begegnet wie in Kreisen, die sich ganz besonders und ausschließlich der Entfaltung der eigenen hellen und positiven Aspekte verschrieben haben. Vor Jahren war ein Mann in einem meiner Seminare auf der griechischen Insel Santorin, der zur allgemeinen Verblüffung mit mindestens vier elektronischen Geräten am Gürtel an einem Spiralenritual zur Erneuerung seiner Energien teilgenommen hat. Das Ritual fand knapp unter der Spitze eines Vulkans statt, wo ich eine der wenigen halbwegs ebenen Stellen ausgewählt und vorbereitet hatte. Nach der schamanischen Arbeit fand jemand circa 20 Meter entfernt ein totes Kaninchen. Das führte dazu, dass mich der besagte Seminarteilnehmer in Internetforen heruntermachte, da ich ja offensichtlich nicht die geringste Ahnung davon hätte, wie man einen Platz mit guter Energie findet.

Solche Geschichten erlebt jeder, der einmal in das Schussfeld von selbsternannten Heiligen geraten ist. Dabei könnte ich aus heutiger Sicht und passend zum Thema sogar sagen, dass dieses kleine Tier zur Balance beigetragen hat, weil doch auch Leben und Sterben zusammengehören.

Es gibt eine Geschichte von einem indianischen Großvater und seinem Enkel, der den Alten um eine Geschichte bat. Der Großvater erzählte, dass jeder Mensch in seinem Herzen zwei Wölfe habe. „Der schwarze ist der Wolf der Dunkelheit, der Ängste, des Misstrauens und der Verzweiflung, er bringt Schmerz und Leid. Der weiße ist der Wolf des Lichts, des Friedens, der Lebensfreude und der Liebe. Er bringt dir Mut und Hoffnung und zeigt dir den rechten Weg. Beide Wölfe kämpfen oft miteinander bis zur Erschöpfung, aber sie können nicht sterben. Immer wieder stehen sie auf …“ Der Enkel fragte aufgeregt: „Aber, Großvater, welcher Wolf gewinnt denn?“ Darauf der Alte: „Der, den du fütterst.“

Ja, es gibt dunkle und helle Seiten, angenehme und weniger angenehme, in und bei allem, was wir sind und erleben. So lange wir als Menschen auf der Erde leben, werden wir immer wieder in das Spannungsfeld dazwischen geraten. Und trotzdem ist es wichtig, die beiden Seiten nicht zu bewerten oder eine davon höher als die andere zu schätzen. Wie oft habe ich schon im Nachhinein festgestellt, dass gerade etwas im Moment vielleicht Unerwünschtes mir zu erfreulichen Ergebnissen verholfen hat. Sie kennen das natürlich auch: Sie verpassen einen Zug und machen im nächsten eine Bekanntschaft, die Ihr ganzes Leben bereichert. Der Staubsauger gibt den Geist auf, und die Nachbarin, die Ihnen den ihrigen borgt, wird zu einen nahen Freundin. Paul Watzlawick, der Kommunikationswissenschaftler und Philosoph, hat darüber ein wunderbares Buch geschrieben: „Vom Schlechten des Guten oder Hekates Lösungen" – lesen Sie es!

Vor kurzem hat mich eine Freundin angerufen und gemeint, sie habe grad wieder so viel Dunkelheit um sich. Alles dauerte ihr zu lange, und so wollte sie von mir wissen, wie sie diese negativen Gefühle transformieren könne. Die junge Frau ist gerade in einer Umbruchphase, auf der Suche nach einem neuen Beruf. Also fragte ich sie, ob ein Samenkorn eher im Sonnenlicht oder im dunklen Erdreich keimen könne. Für sie war das Bild sofort verständlich, sie war bereit, noch ein wenig Geduld zu haben, damit alles gut wachsen und gedeihen könne, was sie schon ausgesät hatte.

Seien Sie also neugierig auf die Aspekte, die Sie bisher noch nicht so gut kennen, betrachten Sie die Herausforderungen im Rahmen ihrer polaren Erfahrungen als Kreativitätstraining und freuen Sie sich auf das Abenteuer zwischen den Polen. Es lohnt sich!

Versprechen und Entscheidungen

In unserem Leben gibt es immer wieder besondere Phasen, in denen wir die Weichen neu stellen, wie es unserem Bewusstseinsstand und unserem Dafürhalten im gegenwärtigen Moment entspricht. Das kann bedeuten, dass wir eine Ausbildung beginnen, eine Firma gründen, den Wohnort wechseln oder vielleicht auch heiraten.

Und in allen diesen Fällen treffen wir Entscheidungen, das heißt, wir wählen eine von vielen Möglichkeiten aus und lehnen die anderen ab. In unserer Kultur ist damit geklärt, dass die ausgeschiedenen Varianten zum Thema keinerlei Bedeutung mehr haben, also ad acta gelegt sind. Schamanen sehen das anders, viele von ihnen sind – wie im Übrigen heutzutage auch viele Quantenphysiker – der Meinung, dass wir nicht nur ein einziges Leben leben, dass wir vielmehr gleichzeitig in Paralleluniversen unterschiedliche Parallelleben erfahren. Unsere Wahrnehmungsmöglichkeiten sind allerdings zu beschränkt, um diese Koexistenz erfassen zu können. Daher ordnen wir die einzelnen Erlebnisse entweder zeitlich hintereinander an oder verschiedenen Bewusstseinszuständen zu. Das heißt, wir leben mit dem Konstrukt der Zeit, von der ja niemand schlüssig sagen kann, was sie wirklich ist, oder wir erleben andere Wirklichkeiten im Traum, in der Meditation oder auf schamanischen Reisen.

Das ist schwer vorzustellen, aber es gibt hilfreiche Bilder zur Annäherung. In Hawai'i hat mir einmal jemand erklärt: „Stell dir vor, du bist in einem Boot auf dem Ozean unterwegs, dem Ozean des Lebens. Und jedes deiner Parallelleben, von denen du bisher angenommen hast, du würdest sie eins nach dem anderen absolvieren, ist eine Insel in diesem Meer. Nun besuchst du gerade eine Insel und hältst alles, was dir dort begegnet, für ein Element deines jetzigen Lebens. Gleichzeitig existieren aber alle anderen Inseln, und alles, was zu diesen gehört oder was du dort begonnen hast, entwickelt sich dort weiter. Vielleicht hast du irgendwann ein Déjà-vu-Erlebnis und wunderst dich, weil dir eine Situation so bekannt vorkommt, als hättest du sie bereits ‚wirklich' erlebt. Für Schamanen gibt es keinen Unterschied zwischen ‚wirklich' und ‚nicht wirklich', ‚vorgestellt' oder ‚eingebildet'. Alles ist gleich ‚real'. Die Bewertung ist ohne Bedeutung."

Bemerkenswerterweise kennen Sie alle längst Beweise dafür, dass sich die Realität der alltäglichen, materiellen Welt von der der Imagination keineswegs grundsätzlich unterscheidet. Jeder hat schon festgestellt, dass unser Körperbewusstsein diese Trennung nicht vollzieht. Wenn Sie zum Beispiel im Traum von feindlichen Wesen verfolgt worden sind, werden Sie wahrscheinlich völlig verschwitzt und mit rasendem Herzklopfen aufwachen, obwohl doch in der angeblich einzig realen Welt nichts davon stattgefunden hat. Und wenn Sie sich auf die Vorstellung einlassen, dass Sie gerade eine halbe, vollreife Zitrone in Ihrer Hand halten und sich den Saft in den Mund rinnen lassen, werden Ihre Speicheldrüsen anfangen zu produzieren, obwohl Sie die Zitrone weder fühlen noch riechen oder schmecken konnten.

Sogar in der neueren medizinischen Forschung wird dieser Effekt der imaginierten Bilder inzwischen ernst genommen und bewusst eingesetzt. So gibt es heute die Psychoneuroimmunologie, die Psychoonkologie und andere therapeutische Felder, in denen mit bildlichen oder anderen sensorischen Vorstellungen gearbeitet wird. Auch die Placebo-Forschung untersucht die unleugbare Tatsache, dass Patienten Heilungserfolge erleben, obwohl sie gar kein „richtiges“ Medikament erhalten haben.

Zurück zu unserer Reise zwischen den verschiedenen Polen:
Angenommen, Sie stehen vor der Entscheidung, entweder eine Karriere als Künstler oder eine als Lehrer zu wählen. Wenn diese Entscheidung Ihnen nicht leicht fällt, wenn Sie also sowohl eine Neigung zu der einen als auch zu der anderen Tätigkeit verspüren, wenn also beide Möglichkeiten durchaus bedeutsam für Sie sind, ist es aus schamanischer Perspektive ziemlich gleichbedeutend, welchen Weg Sie wählen. Die Aspekte Ihrer Persönlichkeit und die Talente, die Sie beschlossen haben, eher hintanzustellen, werden trotzdem mitwachsen. Und eines Tages werden Sie sich als unterrichtender Künstler oder als Lehrer, der künstlerische Methoden im Unterricht einsetzt, wiederfinden.

Ebenso ergeht es Menschen, die sich zwischen zwei möglichen Partnern entscheiden, die sie beide wirklich sehr gerne haben und schätzen. Die Wahrscheinlichkeit ist groß, dass der „Verlierer“ für eine Zeit gekränkt ist und sich zurückzieht, dass sie einander aber eines Tages wieder begegnen und ein tiefe Freundschaft oder sogar ein neues Liebesglück miteinander finden.

Schamanen gehen davon aus, dass Entscheidungen nichts anderes sind als die momentane Ausrichtung auf einen bestimmten Ausschnitt unserer Wahrnehmung oder unseres Lebens. Damit hört alles andere, gerade Ausgeblendete nicht automatisch auf zu existie-

ren. Es hat nur im Augenblick weniger Bedeutung für uns. Darum erscheint es mir sinnvoll und nützlich, diesem Gegenpol immer wieder Beachtung zu schenken. Einerseits, um eventuell zu überprüfen, ob die einmal getroffene Wahl immer noch gültig ist, und andererseits, um nichts zu verdrängen und im Schattenbereich eine Hypothek anzusammeln, die man irgendwann nicht mehr einlösen kann.

Was meine ich damit? Um bei meinen erwähnten Beispielen zu bleiben, könnte ich sagen, auch wenn sich jemand für die ruhigere, weniger riskante Laufbahn als Lehrer entschieden hat, sollte er sein Bedürfnis, sich künstlerisch zu artikulieren, nicht unterdrücken und zumindest in der Freizeit musizieren, malen, tanzen oder schreiben. Anderenfalls könnte es sonst passieren, dass sich diese weggepackte Seite immer deutlicher meldet, der Frust im Alltag und die Sehnsucht nach Freiheit so stark werden, dass sie überhand nehmen und die bisherige Existenz sprengen. Und das vielleicht auf Kosten von Familienmitgliedern oder zum eigenen Schaden.

Auch in einer Partnerschaft hat die Forderung, dass ab sofort alle anderen attraktiven Männer und Frauen zu ignorieren seien, wenig positive Auswirkungen. Treue besteht wohl nicht in einer Art Scheuklappenhaltung, sondern viel eher in der immer wieder von Neuem bewusst zu treffenden Entscheidung für den geliebten Menschen an unserer Seite.

Darüber hinaus kann es ja auch sein, dass sich jemand zwischen ehelicher Zweisamkeit und der Unabhängigkeit als Einzelperson entscheiden muss. Beides hat in unserer polaren Welt Vor- und Nachteile, die man möglicherweise erst beurteilen kann, wenn man sowohl die eine als auch die andere Lebensweise ausprobiert hat. Auf jeden Fall ist mit der

Heirat nicht jedes Bedürfnis nach Ungebundenheit ausgelöscht, sondern es verlangt, beachtet zu werden. Das kann in einer respektvollen Beziehung, die jedem Partner viel Freiraum gewährt, gelingen oder führt vielleicht dazu, dass man sich irgendwann neu und anders entscheiden möchte. Wenig hilfreich ist, wenn letzteres durch moralische Schranken oder persönliche Denkmuster behindert wird. So entstehen dann Zwänge, Streitereien und Scheidungskriege. Schließlich kann es ja sogar vorkommen, dass ein Partner, der sich selbst keine neue Weichenstellung zubilligt, den anderen, der genau das wagt, bis aufs Blut bekämpft. Weil doch die eigene Vergewaltigung jeglicher Sinnhaftigkeit beraubt wird, wenn es dem anderen so leicht gelingen könnte, dieser zu entrinnen und sich neu zu orientieren. Dazu braucht es durchaus keinen Nebenbuhler und keine jüngere Austauschfrau, das geht auch ganz ohne.

Wir werden dazu erzogen, Versprechen zu halten. Verbindlichkeit ist ein hoher Wert im Zusammenleben. Darum ist es nicht leicht, einmal geschlossene Verträge wieder aufzulösen. Und das ist auch gut so – bis zu einer gewissen Grenze! Alle Versprechen und Verträge werden unter bestimmten Voraussetzungen und gemäß einem persönlichen Wissens- und Bewusstseinsstand vereinbart. Sollte sich daran etwas geändert haben, ist es angemessen, die Abmachung zu überdenken und neu auszuhandeln. Vorzugsweise mit allen Beteiligten gemeinsam, im Wissen darum, dass auch die neue Regelung wieder Vor- und Nachteile bringen wird.

Natürlich lässt sich eine Vereinbarung auch einseitig kündigen, wenn entweder mit dem Gegenüber keine gütliche Regelung zu finden und die Dringlichkeit unaufschiebbar ist, allerdings muss man dann auch bereit sein, die daraus erfolgenden Konsequenzen auf sich zu nehmen. Das kann bedeuten, dass der Vertragspartner sich gegen die Veränderung auflehnt und sie bekämpft, sogar zu Gericht geht. Schließlich kann man von niemandem einfach so verlangen, dass er der Auflösung eines Vertrages oder eines Versprechens zustimmt. Der – subjektiv betrachtet – betrogene Teil versucht vielleicht, sich zu rächen und sich schadlos zu halten, egal, ob es sich dabei um private oder geschäftliche Verbindungen handelt. Aber wenn es wichtig genug ist, nimmt man solche Schwierigkeiten in Kauf und zahlt den Preis, den diese neue Weichenstellung eben kostet.

Vergessen Sie nie, dass ein gegebenes Wort zwar ein Ehrenpfand ist, dass es aber immer Wege gibt, möglichst einvernehmlich neue Lösungen zu finden, die der inzwischen stattgefundenen Entwicklung Rechnung tragen. Auf keinen Fall sollte man sich selbst dadurch gefangen setzen und sich selbst verbieten, die getroffene Entscheidung jemals wieder in Frage zu stellen. Mir kommt es so vor, als seien die Versprechungen und Vereinbarungen, die man mit sich selbst getroffen hat, am allerschwersten aufzulösen. Da werden gewisse Strukturen und Muster bedient, obwohl man selbst längst darunter leidet.

Davon weiß ich selbst ein Lied zu singen, meine Neigung zum Heldenmut hat mir schon manche Falle gestellt. So habe ich es nicht zustande gebracht, meinen Vater um eine Verlängerung der Unterhaltszahlungen zu bitten, als ich vor Studienende ein Kind geboren und dadurch ein Semester verloren hatte. Heute weiß ich, er hätte mir geholfen, wenn ich zugegeben hätte, dass ich mich finanziell gerade wirklich in Nöten befand. Und wenn ich ehrlich mit mir gewesen wäre, hätte ich meinem Ehemann längst gestanden, dass ich mit der Belastung durch Arbeit und Kinderbetreuung und seiner studienbedingten Abwesenheit überfordert war und mehr Unterstützung brauchte. Aber ich hatte ja selbst entschieden, niemand hatte mich zu diesem Leben, in dem es nur noch Pflichten gab, gezwungen. Ich war diejenige, die alles schaffen können wollte! Um jeden Preis, und der war hoch! Schlussendlich war es mir eine Lehre zu erfahren, was ich mir damit eingehandelt hatte. Wenn ich heute noch hin und wieder Anwandlungen von Heldenhaftigkeit zeige, komme ich mir selbst rasch auf die Schliche und korrigiere die Abmachung mit mir selbst und anderen.

Seien Sie also aufrichtig und gleichzeitig milde mit sich selbst, gestatten Sie sich die Erkenntnis, dass Sie etwas falsch eingeschätzt, sich möglicherweise geirrt oder aus einer bestimmten Konstellation hinausentwickelt haben! Je weniger Sie recht haben wollen, je eher Sie anerkennen, dass alles mehr als eine Seite hat, umso leichter werden Sie neue Wege zum Besten von allen finden.

Trotz aller berechtigten Bedenken ist es besser, in einem angemessenen, eher kurzen Zeitraum möglicherweise nicht letztgültige Entscheidungen zu fällen, als auf die göttliche Eingebung oder die vollständige Information für die einzig richtige Entscheidung zu warten. Heute wissen wir, dass unser logischer Verstand Beeindruckendes leisten kann, wenn er richtig eingesetzt wird, dass er aber als Werkzeug für viele Bereiche ungeeignet ist, für die er bevorzugt verwendet wird. Mit Hilfe der Logik lassen sich Pro und Kontra richtig einschätzen, wenn wir über 100% richtige Information verfügen (wie zum Beispiel in der Mathematik). Sollten uns aber auch nur 2% zu wenig oder unzutreffende Information zur Verfügung stehen, kann unser Verstand bereits falsch schlussfolgern.

Die Chaostheorie besagt, dass komplexe Situationen – und nahezu alle Lebenssituationen sind komplex, das heißt, es lässt sich niemals vollständig erschließen, was wann genau welchen Einfluss haben wird – in Folge kybernetischer Phänomene wie Aufschaukeln, Oszillation, Wechselwirkung oder Rückkoppelung mit Hilfe linearer Logik ohnehin nicht erfassbar sind. So können unsere sogenannten vernünftigen Überlegungen leicht auf Abwege geraten, und wir entscheiden vermeintlich logisch, aber ganz falsch.

Zudem ist unser logisches Denken viel zu langsam für komplexe Aufgaben. Gehirnforscher und Epigenetiker meinen, dass wir pro Sekunde circa 40 Einzelinformationen bewusst verarbeiten können. In der gleichen Zeit können wir aber unbewusst mittels unserer intuitiven Wahrnehmung 11 Millionen Infos aufnehmen und zuordnen. Allerdings nicht so säuberlich kategorisiert und bewertet. Die Intuition entscheidet nur zwischen „passt“ und „passt nicht“ beziehungsweise „fühlt sich gut an“ und „fühlt sich nicht gut an“. Und das genügt völlig, um „aus dem Bauch“ (in dem im Übrigen mehr Neuronen zu Hause sind als im Gehirn) für den gegenwärtigen Moment richtig zu entscheiden.

Menschen, die darum ringen, nur richtige Entscheidungen zu treffen, treffen üblicherweise gar keine. Sie sind wie gelähmt durch ihr Bemühen. Das ist auch nicht verwunderlich, weil es „einzig richtige“ Entscheidungen auf diesem Planeten gar nicht geben kann. Jede Entscheidung hat immer Vor- und Nachteile. Wir können höchstens Überlegungen anstellen, mit welcher Kombination von angenehmen und weniger angenehmen Konsequenzen wir am ehesten zurechtkommen können.

Eine einigermaßen zügig getroffene intuitive Entscheidung lässt uns wieder frei agieren und am Leben teilnehmen. Und sollte sich nach einer gewissen Zeit herausstellen, dass die Weichenstellung doch nicht so optimal war, entscheiden wir auf Grund unseres aktuellen, reicheren Erfahrungsschatzes neu. Es gibt tatsächlich nur wenige Entscheidungen, die sich nicht revidieren lassen.

Sie wissen wahrscheinlich ohnehin, wie Sie an Antworten Ihrer intuitiven Wahrnehmung herankommen. Dafür gibt es viele Möglichkeiten:
- Halten Sie den ersten Einfall fest, der Ihnen in den Sinn kommt. Und beginnen Sie nicht, ihn zu bewerten oder mit Überlegungen zuzudecken.
- Oder verwenden Sie ein Pendel.
- Auch kinesiologische Tests sind hilfreich.

Verwenden Sie die Methode, mit der Sie vertraut sind. Es ist jede gleich gut und wirkungsvoll.

In Untersuchungen hat sich herausgestellt, dass erfolgreiche Führungskräfte darüber sehr wohl Bescheid wissen, sie sind gewohnt, ihrer Intuition zu vertrauen und aus dem Bauch zu entscheiden. Die Überschätzung des logischen Verstandes als bestes Werkzeug für richtige Entscheidungen findet sich viel eher bei Mitarbeitern in den unteren Stufen der Hierarchie, bei Menschen, die alles doppelt und dreifach absichern wollen, bevor sie sich aus dem Gewohnten herausbewegen, die Neuem stets eher mit Misstrauen begegnen.

Dazu passt George Bernard Shaws Ausspruch: „Die Vernünftigen passen sich der Welt an. Die Unvernünftigen passen die Welt sich an. Daher kommt aller Fortschritt von den Unvernünftigen.“

„Wenn du am Morgen aufstehst,
dann sage ‚Danke'
für das Morgenlicht, für dein Leben
und die Kraft, die du besitzt.
Sag ‚Danke'
für deine Nahrung und die Freude, am Leben zu sein.
Wenn du keinen Grund siehst,
‚Danke' zu sagen,
liegt der Fehler bei dir."

Tecumseh, Häuptling der Shawnee

Wie Schamanen mit dem Thema Polarität umgehen

Inzwischen habe ich mehr als 30 Jahre lang Gelegenheit gehabt, Schamanen unterschiedlicher Traditionen zu beobachten, von ihnen zu lernen und mit ihnen zusammenzuarbeiten. Und dabei konnte ich deutlich erkennen, dass ihnen allen völlig bewusst ist, dass sie in allen Lebenslagen an die Polarität gebunden sind und damit zurechtkommen müssen. Das gilt im Übrigen für die meisten Angehörigen indigener Kulturen, sie zeigen ganz natürliche Verhaltensweisen, die den Ausgleich zwischen den Polen bewirken sollen. Das heißt, selbst in alltäglichen Situationen sind diese Menschen immer bereit, nicht nur um Gesundheit, Fruchtbarkeit, gute Wetterbedingungen, Frieden in der Gemeinschaft und Unterstützung bei anderen Vorhaben zu bitten, sondern der Welt der Geister einen Anteil von allem zu geben, was ihnen zur Verfügung steht: von ihren Nahrungsmitteln, von kunstvoll gestalteten Gebrauchs- oder Ritualgegenständen, von ihrer Zeit, von ihrer Aufmerksamkeit und Energie.

Wenn ich in unseren Breiten davon erzähle, sehe ich vor mir meist ungläubige Mienen, weil bei uns das – sicherlich vor wenigen Generationen noch überall vorhandene – Wissen darum verloren gegangen ist. Den Zuhörern kommen angelernte Denkmuster bezüglich „Gerechtigkeit“ in die Quere. Sie stellen sich vor, sie müssten von allem, was sie verdienen oder besitzen, die Hälfte abgeben, und scheitern dann an der Überlegung, wie so etwas durchführbar sein könnte, wie sie mit der Hälfte von Was-auch-immer noch ihren Alltag bestreiten sollten – und wer um Himmels willen das alles organisieren sollte?

Was heißt denn Gerechtigkeit in unserem gesellschaftlichen System? Kurz gefasst: Alle bekommen das Gleiche oder zumindest gleich viel oder Gleichwertiges. Haben Sie sich schon einmal überlegt, wozu solche Wertvorstellungen führen? Natürlich bin ich auch für ein Gesellschaftssystem, das allen Menschen das gleiche Recht auf Bildung, Versorgung, Wohlstand und Lebensglück einräumt, aber ich weiß auch, dass unterschiedliche Personen jeweils unterschiedliche Ideen vertreten, was jeder dieser Begriffe für sie bedeutet und wie sie sich den Weg dorthin ausmalen.

In schamanischen Traditionen gibt es einen Begriff, der den Stammesangehörigen wesentlich wichtiger ist: Harmonie. Damit ist nicht gemeint, dass jeder jeden immerzu lieb hat und durchgehend auf rosa Wolken des Wohlgefühls dahin schwebt. Es geht um die Befriedigung individueller Bedürfnisse, um die Förderung jedes Menschen gemäß seiner Talente, um die Anerkennung jedes Lebewesens als das, was es ist. Harmonie kann in einer Gemeinschaft dann stattfinden, wenn jedes Mitglied seinen Platz und seine Aufgabe gefunden hat und mit Wohlwollen und Mitgefühl auch gerne zum Wohlergehen der übrigen beiträgt. So weit die Idealvorstellung!

Da es sich aber auch in diesen Gruppen um Menschen handelt, die der Polarität ihren Tribut zahlen müssen, muss auch hier immer wieder der Gegenpol Disharmonie oder Konflikt seinen Raum bekommen. Die Frage ist nun, wie dieser andere Pol bedient, dieser andere Zustand ausgelebt werden kann, ohne dass ein riesiger Aufwand betrieben oder allzu viel Unfrieden in Kauf genommen werden müsste.

Es geht ganz sicher nicht darum, dass jeder Pol materiell betrachtet gleich viel oder gleich lange bedacht werden muss. Es genügt, den Gegenpol und seine „Daseinsberechtigung“ anzuerkennen und ihm in jeweils angemessener Weise einen Teil abzutreten. In Hawai’i gibt es zum Beispiel ein Tischgebet, das lautet:

‘O ke aka kā ‘oukou, ‘o ka ‘i‘o kā mākou.

Frei übersetzt bedeutet das: „Die (geistige) Essenz ist für euch, das Fleisch ist für uns.“

Und bei tungusischen Schamanen gibt es den Brauch, vor und nach der Jagd durch Gebete und Rituale in nichtmaterieller, energetischer Form einen Anteil zu leisten, das Tier selbst respektvoll zu erlegen, alle seine Teile zu verwerten und zuletzt noch den Schädelknochen mit bunten Bändern in eine Birke zu hängen, damit sich die Tierseele wieder verkörpern kann. Geben und Nehmen wird in Balance gelebt. Das Geschenk der Nahrung wird mit viel Wertschätzung ausgeglichen.

Bei meinem Aufenthalt in Peru konnte ich beobachten, dass Eltern, die ein krankes Kind zum Curandero (dem Heiler) brachten, in der anderen Hand ein lebendes Huhn hielten. Für sie war es ganz selbstverständlich, dass sie freiwillig gaben, was und wie viel sie eben geben konnten. Kein Schamane hat fixe Tarife und erstellt nach erfolgter Behandlung eine Rechnung mit Mehrwertsteuer.

Und in Nepal kann es vorkommen, dass ein Heiler, der zu einer kranken Frau gerufen wird, während der drei Tage dauernden Rituale und Behandlungen mit seinen beiden Helfern verköstigt wird und sonst nichts erhält, weil die betreffende Familie darüber hinaus keinerlei Reserven oder Überschüsse besitzt. Trotzdem wird er dem nächsten Hilferuf wieder umgehend Folge leisten und darauf vertrauen, dass alles damit seine Richtigkeit hat. Einerseits entspricht das eben der Tradition, und andererseits haben ja Schamanen rund um die Welt Brotberufe, sie sind Bauern oder Fischer, Musiker oder Handwerker und sorgen so für sich und ihre Familien.

In den meisten archaischen Kulturen ist dieses Geben und Nehmen viel unmittelbarer umgesetzt worden. Tiere und Menschen wurden geopfert, um mit ihrem Blut Leben und Gedeihen für den Stamm zu gewinnen. Man lebte in der Überzeugung, dass sich auch das Wohlwollen von als feindlich empfundenen Naturgewalten mit entsprechend kostbaren Opfergaben erkaufen lasse. Das hat sicherlich nicht immer so simpel funktioniert, wie sich zum Beispiel aus den neuesten Forschungen zur Maya-Kultur ablesen lässt. Archäologen bestätigen heute, dass die Maya-Obrigkeiten offensichtlich bis zum endgültigen Niedergang ihrer Kultur immer grausameren Tribut geleistet haben, um der (durch enormen Bevölkerungszuwachs vermutlich teilweise selbst verursachten) Umweltveränderung vor circa 1200 Jahren Herr zu werden. Dass das nicht gut ausgegangen ist, sondern zum Untergang dieser Hochkultur geführt hat, wissen wir inzwischen.

Möglicherweise steckt dahinter aber bereits ein grundlegender Denkfehler, der weiter zurückreicht. Ich erinnere mich gut an die Antwort der heute lebenden Maya-Schamanen auf meine Frage, woran denn diese so großartige Kultur letztendlich gescheitert sei: „Am Machtmissbrauch!" Ich könnte diese Antwort nun so interpretieren, dass schon die Maya-Fürsten dem Größenwahn und der Illusion von ewig ungebremstem Wachstum anheim gefallen waren, dass sie also vergessen hatten, wie

Balance herzustellen sei, und das Ausweiten ihrer Macht erzwingen wollten. (Parallelen zu heutigen Phänomenen herzustellen, ist weder unbeabsichtigt noch unerwünscht!)

Tatsache ist dennoch, dass es in indigenen Traditionen bis heute ein großes Wissen darum gibt, dass wir unseren Beitrag zum Gleichgewicht leisten müssen, um das Überleben unserer Spezies und auch aller Brüder und Schwestern in der Tier- und Pflanzenwelt zu gewährleisten. In Hawai'i wurden von den spirituellen Führern, den Kahuna, einzelne Tier- und Pflanzenarten oder bestimmte Anbauflächen von Zeit zu Zeit unter ein Kapu, ein Tabu, gestellt, damit sich die Population und der Boden wieder erholen konnten. Grundsätzlich wurde der Umwelt sowieso nur so viel entnommen, wie wirklich gebraucht wurde – zum Haus- oder Bootsbau, zur Ernährung, zur medizinischen Versorgung und so weiter … („Kapu" bedeutet übrigens nicht nur „verboten", sondern auch „geweiht" und „heilig".)

Und selbstverständlich haben die Geistwesen auch Anteil an Genuss und Vergnügen. So wird gerne ein Sprühregen von Schnaps über einem heiligen Platz oder einem Kultobjekt verteilt. Und das Abbild des Maximón (gesprochen: Matschimón), eines Volksheiligen aus Guatemala, bekommt zusätzlich auch noch eine Zigarre oder Zigarette zu rauchen.

Vielleicht erinnert das einige Leserinnen und Leser an vergleichbare Bräuche bei uns. So wurden noch vor wenigen Jahrzehnten kostbare Geschenke in Wallfahrtskirchen deponiert, um entweder den Wunsch nach Heilung verstärkt zu vermitteln oder dafür zu danken. Für die Rettung aus großer Not wurden Kapellen gestiftet und Klöster gegründet.

Aber auch in anderen Lebensbereichen gibt es noch das Bewusstsein um den Ausgleich von Geben und Nehmen im alltäglichen Leben. Im organischen Landbau kennt man bis heute die Dreifelderwirtschaft, bei der jedes Feld einmal in drei Jahren brach liegen gelassen wird. Und auch unsere Wildtiere bekommen eine (sogar staatlich garantierte) Schonzeit, damit sie ihre Jungen ungestört großziehen können. Im Übrigen ist erst der Adel in feudalen Strukturen auf die Idee gekommen, die Jagd zu einem herrschaftlichen Vergnügen zu erklären, das nichts mehr mit der Notwendigkeit der Nahrungsaufnahme zu tun hat. (Hat das nicht auch schon wieder etwas mit Machtmissbrauch zu tun?)

Eine slowakische Freundin hat mir erzählt, dass ihre Großmutter immer den ersten Anschnitt des selbst gebackenen Brotlaibs mit einem kurzen Dankgebet zurück ins Herdfeuer geworfen hat. Auch war es früher durchaus üblich, zu bestimmten Feiertagen Nahrungsmittel auf die Felder zu tragen beziehungsweise Felder eben nicht bis zum letzten Halm abzuernten. Damit wurde nicht nur freilebenden Tieren etwas Gutes getan, auch Menschen in Armut durften sich den zurückgelassenen Rest holen.

Selbst im religiösen Kontext war die Einstellung zum Geben früher eine andere als heute zur Kirchensteuer. Jedem in einer christlichen Gemeinschaft war es klar, dass er seinen Zehent, also ein Zehntel seines Einkommens, abliefern müsse, damit auch für Menschen in Not gesorgt werden konnte. Er war also so etwas wie ein Sozialversicherungsbeitrag. Der Zehent war quasi der Preis für den eigenen Wohlstand und ein Zeichen dafür, dass einem bewusst war, wie wichtig und wesentlich auch die Unterstützung und der Segen aus der geistigen Welt sind.

Jesus hatte offensichtlich eine ganz klare Haltung zum Umgang mit diesseitigen und jenseitigen Angelegenheiten: „Gebt dem Kaiser, was des Kaisers ist, und Gott, was Gottes ist.“ (Matthäus 22,21; aber auch Lukas 20,25 und Markus 12,17) In drei Evangelien wird dieses Zitat überliefert, die Anweisung muss also für die Jünger und ihre Nachfolger von großer Bedeutung gewesen sein. Ist es nicht auffallend, dass auch Jesus kein Wort von „gleich viel“ oder „gleich wertvoll“ erwähnt? Jesus sagt, dass jeder Seite der Teil gegeben werden soll, der dorthin passt oder gehört. Man könnte es auch den jeweils harmonischen Anteil nennen.

Mit Vorschriften und Gesetzen oder Regelungen wie dem Konkordat scheint sich die Sache mit dem angemessenen Aufteilen nicht verbessert zu haben. Einerseits wahrscheinlich, weil Druck immer Gegendruck erzeugt, weil viele Menschen die Tendenz haben, sich einem starren Reglement zu entziehen und die Ordnungshüter auszutricksen. Andererseits aber wohl auch, weil vielen Angehörigen von Religionsgemeinschaften die Sinnhaftigkeit der geforderten Abgaben beziehungsweise deren Verwendung nicht mehr schlüssig erscheint. Und darüber hinaus vermute ich, dass eine Kirche, deren offizielle Vertreter ihren Schäflein so wenig über den Weg trauen, dass sie ihnen schon im Voraus im Falle von Säumigkeit oder – noch schlimmer – betrügerischem Handeln Repressalien androhen, die Manifestation dieser geringschätzigen Denkmuster zu spüren bekommt. Es geschieht genau das, was sie befürchtet haben: Die Gläubigen zahlen nur so viel, wie unumgänglich erscheint, oder treten zwecks Vermeidung weiterer Zahlungen aus der Gemeinschaft aus.

Mit den weltlichen Steuerbehörden scheint es sich ähnlich zu verhalten. Die Steuergesetze sind so geschrieben, dass man vermuten könnte, dass der Staat (wer das auch immer sein mag) allen seinen Bürgern potentiellen Steuerbetrug unterstellt. Und auch Steuerprüfer agieren oft aus dieser Haltung. So haben mir schon mehr als einmal befreundete Menschen erzählt, dass bei einer Prüfung ihrer Finanzen keine Unredlichkeit festgestellt werden konnte, was zur Einschätzung einer vermuteten, wahrscheinlich sehr raffiniert getarnten Steuerhinterziehung geführt hat. Ich bin überzeugt davon, dass diese Vorgangsweise kontraproduktiv ist und aus bisher zahlungswilligen Bürgern verärgerte Steuersünder macht.

Für mich gehört es grundsätzlich zu einer erwachsenen Haltung, die Regeln in einem Gemeinwesen anzuerkennen. Dass uns niemals alle Konditionen gefallen können, scheint mir auch logisch. Trotzdem möchten wir alle, dass das Straßennetz, Schulen, Post, Krankenversorgung, Müllabfuhr und andere öffentliche Dienste funktionieren. Wenn mir nun die Regeln in einem bestimmten Staatengebilde nicht gefallen, kann ich entweder einen anderen Platz zum Leben suchen oder mich dafür engagieren, diese möglicherweise zu Recht beanstandeten Regeln zu verändern. Beides ist wahrscheinlich mit einigem gedanklichen und/oder auch materiellen Aufwand verbunden.

Aber ich kann auch den Spielraum innerhalb des vorhandenen Regelwerks ausloten und nützen. Zum Beispiel erlaubt das österreichische Schulunterrichtsgesetz, Kinder selbst zu unterrichten. Sogar innerhalb einer öffentlichen Schule genießen Lehrpersonen einen großen Freiraum, nämlich sobald sie mit den Kindern in der Klasse sind. Wichtig ist in beiden Fällen nur das Gelingen. Solange Kinder lernen, was sie sollen, und das unter für alle Beteiligten erfreulichen Bedingungen, ist alles in trockenen Tüchern.

In vielen Lebensbereichen können wir uns also sehr wohl zwischen unterschiedlichen Möglichkeiten entscheiden, sofern wir bereit sind, das dafür Notwendige zu tun und den Gegenpol in entsprechender Weise zu bedienen.

Unter jungen Leuten scheint wieder stärker ins Bewusstsein zu rücken, dass wir immer beide Pole bedienen müssen. Ich kenne junge Architekten, die zum Ausgleich und als Zeichen der Dankbarkeit für ihren beruflichen Erfolg die Planung eines Gebäudes für eine nichtkommerzielle Organisation zur Verfügung gestellt haben. Natürlich mussten sie im Sinne der Balance nicht jedes zweite Projekt unentgeltlich abwickeln. Das wäre auch zu kompliziert geworden. Immer wieder einmal freiwillig Tribut zu leisten und mit leichter Hand etwas wegzugeben, bedient den Gegenpol zum „Nehmen“ ausreichend.

Und das führt mich zurück zu meinen schamanischen Lehrern. Ihre prinzipiell immer vorhandene Wahrnehmung der Gesetzmäßigkeiten in ihrem Umfeld hat zu ganz praktischen Erkenntnissen geführt: Polarität existiert. Immer und überall auf diesem Planeten. Daher ist es müßig, sich damit zu beschäftigen, wie man sich ihr entziehen und nur eine Seite einer bestimmten Kraft oder Qualität weiterentwickeln und nützen kann.

Was wir aber von diesen Hütern des Alten Wissens lernen können, ist der praktische Umgang mit beiden Polen in allen Lebenslagen. Wir könnten sagen, alles hat eben seinen Preis. Das ist eine Interpretation, die den meisten Mitmenschen in Industrienationen am ehesten entgegenkommt. Dieses System nennt sich hierzulande das Gesetz von Angebot und Nachfrage, und das bedeutet, dass der Preis dadurch bestimmt wird, wie selten oder wie begehrt ein Produkt zum aktuellen Zeitpunkt ist. Dadurch dass in diesem System die Erzeuger oder Besitzer einer Ware den Preis bestimmen können, teilen sich die Interessenten in eine Gruppe, die den Preis bezahlen kann, und eine andere, die das nicht vermag. Und das wiederum bedeutet, dass die Menschen, die den Gegenwert nicht aufbringen können, im Mangel leben. Ganz bestimmt auf jeden Fall, wenn es sich bei den unerschwinglichen Dingen um Grundnahrungsmittel, Wohnraum, Bildung oder medizinische Betreuung handelt. Das hat wohl mit dem harmonischen Ausgleich im Umgang mit den jeweiligen Gegenpolen nichts mehr zu tun.

Abgesehen davon scheinen die Vertreter des Raubtierkapitalismus auch noch einem weiteren Irrtum erlegen zu sein: dass es nämlich so etwas wie endloses Wachstum geben könne, und das möglichst nur zum eigenen Vorteil. Das Gesetz der Polarität besagt allerdings, dass sowieso immer auch der Gegenpol, also zum Beispiel das Gegenteil vom angestrebten Gewinn, mitwächst – wenn auch vielleicht im Moment noch ausgelagert, verdrängt und nicht unmittelbar bemerkbar. Und zudem bedeutet dieses Schwingen zwischen den Polen, das zum Leben vom Allerkleinsten in den Atomen bis zum Allergrößten in den Galaxien untrennbar dazu gehört, auch für uns in jedem Lebensbereich, dass etwas so lange wachsen kann, bis der Wellenberg, der Umkehrpunkt erreicht ist. Und dann geht es abwärts, dann steuern wir auf das Wellental zu.

Ebenso wie wir körperlich bis zu einer gewissen, für unseren Organismus optimalen Größe heranwachsen, so gilt das auch für jedes andere Lebewesen. Auch Firmen und andere Organisationen kann

man durchaus als Organismen betrachten, die gut wachsen können, solange die Steuerung und Versorgung der einzelnen Teilbereiche nicht mehr Energie kostet, als diese produzieren. Danach erfolgt die Umkehr, die je nachdem mehr oder weniger schmerzlich erlebt wird, je mehr oder weniger Widerstand dagegen gemacht wird.

Kennen Sie die Geschichte der Swissair, der ehemaligen nationalen, wirtschaftlich gesunden und angesehenen Schweizer Fluglinie? Lange her, aber doch ein Beispiel wie aus dem Bilderbuch ... Diese Firma hatte sich in die Hände der damals größten amerikanischen Unternehmensberatungsfirma begeben, die den Führungskräften und vor allem auch den Aktionären eine Rendite von mehr als 7% jährlich in Aussicht stellte. Zu diesem Zweck sollte die Fluglinie kleinere Konkurrenten aufkaufen und das Firmenimperium ausbauen. Und wachsen, wachsen, wachsen ...

Fredmund Malik, Professor für Unternehmensführung an der Universität in St. Gallen, rechnete den zuständigen Entscheidungsträgern vor, dass unter dieser Prämisse in circa 20 Jahren jede zweite Eidgenossin Flugbegleiterin bei der Swissair sein müsse. Das allein hätte eigentlich die Absurdität dieser Perspektive schon offensichtlich machen müssen. Aber nein, die Leichtgläubigkeit, genährt von der Gier, und der Wahn, mit den richtigen Strategien könne man der Polarität entwischen, waren größer ... 2002 kam das endgültige Aus für die Swissair.

Offensichtlich ist in unserem Wirtschafts- und Finanzsystem dank materialistischem Weltbild und wildwüchsigem Neoliberalismus vieles völlig aus dem Gleichgewicht geraten. Aus dem Blickwinkel eines spirituellen Weltbilds betrachtet sieht die Sache mit dem Preis nämlich ganz anders aus. Ja, es geht immer darum, beide Pole zu bedienen, wenn wir in Harmonie mit uns selbst, unseren Mitgeschöpfen und dem ganzen Kosmos leben wollen. Aber das heißt keineswegs, dass der Gegenwert nur in Geld oder anderen materiellen Werten aufgewogen werden kann und soll.

Gemäß dem Denkmodell in schamanischen Traditionen geht es beim „Preis" keineswegs um den Marktwert einer Sache, eines Werkes oder einer Dienstleistung. Es geht auch nicht um einen einheitlichen Tarif für alle Nutznießer, sondern um eine Gegenleistung, die dem Verständnis und dem Vermögen der Betreffenden entspricht. Damit will ich sagen, dass jeder und jede Einzelne aufgefordert ist, einen angemessenen Ausgleich zu bestimmen. Hierzu können wir auch in der Bibel nachlesen, dass das Scherflein der armen Witwe mehr wert ist als alle Güter, die die Reichen aus ihrem Überfluss in den Opferkasten geworfen haben. (Eine ähnliche Geschichte wird in Indien oder auch in der jüdischen Tradition erzählt. Und selbst in der griechischen Mythologie wird berichtet, dass Apoll an den Gerstenkörnern eines Bauern mehr Freude hatte als an den großartigen Hekatomben der großen Feldherren. Das bedeutet wohl, es handelt sich um eine Weisheitsgeschichte, die schon mehrere Jahrtausende den Menschen als Richtschnur für ihr Handeln dienen sollte.)

Meiner Erfahrung nach ist aber gerade diese eigenständige Bewertung einer Gabe aus der alltäglichen Wirklichkeit oder der spirituellen Welt, mag es sich nun um Heilung, guten Rat, beruflichen Erfolg oder privates Glück handeln, und des angemessenen Ausgleichs dafür eine echte Herausforderung für Menschen, die gewohnt sind, sich an den Preisvorstellungen anderer zu orientieren. Sobald man es ihnen offen lässt, in welcher Form sie ausgleichen möchten, geraten viele in Verwirrung.

Vielleicht auch, weil sie diese Form von Eigenverantwortung nicht mehr kennen, aber doch ahnen, dass es sehr wohl Bedeutung hat, wie sie jetzt reagieren. Dass sie gerade in diesem Moment selbst bestimmen, welchen Wert das Erlebte für ihr eigenes Leben haben wird.

Zu meinem Weltbild gehört die Vorstellung, dass alles im Universum nach Balance strebt, dass also meine schamanische Hilfestellung, freigebig zur Verfügung gestellt, immer dazu führt, dass ich dafür bekomme, was mir zusteht. Direkt oder indirekt, entweder durch die betreffenden Personen, auf Umwegen von nicht direkt Beteiligten oder eben durch einen der berühmten glücklichen Zufälle. Allerdings gebe ich zu, dass ich auch ein wenig Arbeit leisten musste, um angelernte Denkmuster zu korrigieren. Von meinen schamanischen Lehrern hatte ich zwar dieses System übernommen, keinerlei Forderungen zu stellen, aber in jungen Jahren habe ich mich doch jedes Mal geärgert oder sogar gekränkt, wenn jemand dieses Angebot ausgenützt und mir durch eine unangemessene Reaktion seine mangelnde Wertschätzung gezeigt hat. Das heißt, ich hatte mich mit der Bewertung durch andere identifiziert. Also war es auch eine gute Lektion für mich selbst, mir meine Rolle im Wechselspiel der Kräfte genau anzusehen und mein Vertrauen in dieses Grundgesetz des Lebens zu stärken. Heute weiß ich, dass der Wert meiner Arbeit nicht davon abhängt, was sie für andere Menschen bedeutet oder wie gut diese sie verstehen und nachvollziehen können. Meine Aufgabe besteht darin, in allen Lebensbereichen das Beste zu tun, wozu ich gerade fähig bin, und mit allem, was mir meine Lehrer und Lehrerinnen mitgegeben haben, sorgsam umzugehen, weder Perlen vor die Säue zu werfen, noch dieses kostbare Wissen an die Meistbietenden zu verschachern.

Was man bei allen indigenen Völkern sehen kann, ist, dass sie das Prinzip der Polarität auch in alltäglichen Situationen ganz selbstverständlich beachten. So wird der erste Schluck aus jeder Flasche Schnaps oder Bier auf die Erde gegossen, eine Schale mit Essen am Abend in den Garten gestellt oder die Fülle an geernteten Früchten in der Gemeinschaft verteilt. Geben und Nehmen im Gleichgewicht bewirkt auch unter ärmlichen Lebensbedingungen, dass jedes Mitglied der Gruppe seinen Anteil bekommt und größere Chancen hat, gut zu überleben.

Mit dem Anteil im nicht materiellen Sinn verhält es sich für unser Verständnis ein wenig komplizierter. Es ist uns Menschen überlassen, ob wir uns bei der spirituellen Welt, bei Gott, bei den Ahnen oder anderen Helfern bedanken wollen, indem wir sie in Ritualen ehren, für sie trommeln, singen oder tanzen oder unsere Dankbarkeit in anderer Weise zeigen wollen. Allerdings bin ich davon überzeugt, dass jeder, der es schafft, sich aus den gewohnten Schienen herauszubegeben, die für den jeweiligen Anlass angemessene Form findet. Wir können uns zu diesem Zweck auf unsere Intuition verlassen.

Vor einigen Jahren war eine meiner Seminarteilnehmerinnen, eine Ethnologiestudentin, in Hawai'i, um für ihre Diplomarbeit bekannte Heiler und Kahuna zu kontaktieren. Trotz monatelanger Vorbereitung klappte dann die eine oder andere Verabredung nicht, weil gerade eine Notsituation den vollen Einsatz der Kahuna erforderte. In der Verzweiflung ob ihres Scheiterns erstand die junge Frau an einem Imbissstand ein Sandwich und plauderte ein bisschen mit den beiden Inhaberinnen, Mutter und Tochter. Zu ihrem großen Erstaunen stellte sich heraus, dass beide auch Kahuna waren. Der Tag war gerettet!

Allerdings war sie durch diese unerwartete Wendung so durcheinander, dass sie ihre kleine Brusttasche mit Pass, Kreditkarte und Flugticket am Strand liegen ließ, ohne es gleich zu bemerken. Erst Stunden später, wieder in ihrem Bed'n-Breakfast-Zimmer angekommen, bemerkte sie, was passiert war. Eine Katastrophe! Am Strand war nichts mehr zu finden. Das verzweifelte Mädchen kontaktierte per Telefon die Mutter in Österreich, und die wiederum fragte mich um Rat. Ich empfahl der Studentin, sich mit Hi'iaka, der Göttin des Windes, zu verbinden, weil diese Botschaften und Dinge von einem Ort zum anderen bringen könne. Und als Gegenleistung sollte sie das tun, was sich für sie richtig anfühle.

Kurzum, sie tanzte eine halbe Stunde für Hi'iaka (vorsichtshalber allein im Zimmer, weil sie sich doch ein wenig seltsam dabei vorkam!). Fünfzehn Minuten später gab eine fremde Person die kostbare Tasche in der Privatunterkunft ab. Bis heute lässt sich nicht rational erklären, wie die Tasche wieder zu ihrer Besitzerin gefunden hat, ihr Name war ja nicht registriert wie in einem Hotel … Wie auch immer – die Freude war groß, und das Erlebnis sicher prägend für immer.

Natürlich will ich Sie, liebe Leserinnen und Leser, mit solchen Geschichten nicht nur unterhalten. **Ich will Ihnen sagen, dass alles möglich ist, wenn wir bereit sind, uns auf unsere Inspiration, das Göttliche in uns allen, einzulassen, zu vertrauen und das Notwendige zu tun.**

Viel bekannter sind die materiellen Opfergaben, die auch heute noch bei zahlreichen traditionellen Kulturen üblich sind: Hindus opfern Kali Tiere und lassen deren Blut fließen, tibetische Buddhisten opfern Yakbutter für die vielen Butterlampen, die in allen Tempeln brennen, Maya opfern Kerzen und Räucherwerk, oft im Gegenwert eines Monatslohns, um Unterstützung aus der Anderwelt zu erlangen. In Südamerika werden Parfums über der Mesa, dem Ritualplatz, versprüht, und in Hawai'i schenkt man die Blumen-Leis nicht nur geliebten und geachteten Menschen, sondern legt sie auch an einem heiligen Ort, einem Heiau, ab.

Natürlich geht es auch in diesen Kulturen nicht immer ohne Missverständnisse ab. Eines davon besteht darin zu glauben, dass man mit entsprechend großen und kostbaren Opfergaben die geistige Welt dazu zwingen kann, einem alle Wünsche zu erfüllen. Auch da wird eine Verhaltensweise aus dem irdischen Umfeld eins zu eins übertragen: „Wer zahlt, bestimmt." Das heißt, es handelt sich um Denkmuster, die den hierzulande verbreiteten oftmals sehr verwandt und keineswegs zur Nachahmung empfohlen sind.

Wenn ich davon spreche, dass wir viel von diesen alten Kulturen lernen oder uns wieder aneignen können, meine ich natürlich etwas anderes, nämlich die selbstverständliche Beachtung und bewusst gelebte Verwirklichung des Polaritätsprinzips im alltäglichen Leben. Sei es nun durch kleine Spenden aus Schnapsflaschen oder die Bereitschaft, von allem einen Anteil zur Verfügung zu stellen, sei es die Achtung und Wertschätzung, die sich in Gebeten, im Umgang mit unseren Mitwesen in der Natur, in Ritualen oder in der Kunst ausdrückt – es geht darum, immer freiwillig zum Ausgleich beizutragen.

Das kann für uns schwer nachvollziehbare Formen annehmen: Maya-Schamanen sind durchaus bereit, einen ihrer Schüler als Schwarzmagier zu initiieren, wenn sie erkennen, dass es sich dabei um die Bestimmung dieses Menschen handelt, eben auch für die destruktiven Anliegen und Wünsche ihrer Stammesgenossen zur Verfügung zu stehen. Sie nehmen zur Kenntnis, dass sie nicht darüber zu befinden haben, auf welche Weise jemand seinen Lebensweg gehen will und seine Lektionen zu lernen hat. Womit natürlich nicht gesagt ist, dass alle Curanderos (Heiler) mit den Brujos (Zauberern) in bestem Einvernehmen sind, nein, viele lehnen schwarze Magie auch entschieden ab und unterstützen Hilfesuchende dabei, solche Attacken abzuwehren. Trotzdem akzeptieren sie, dass es Schadenszauber eben gibt und dass sie ihn nicht ein für alleMal ausrotten können. Sie arbeiten im Auftrag einer Person gegen eine konkrete Bedrohung, aber erheben sich nicht selbstgerecht zu Richtern über die ganze kulturelle Gemeinschaft.

José Silva, der Vater der Silva Methode, einer Mentaltechnik, die dazu dient, rasch eine niedrigere Gehirnstromfrequenz zu erreichen und den Alpha-Zustand kreativ zu nützen, hat es einmal so formuliert: „Wenn du das Richtige tust, bekommst du Unterstützung von der anderen Seite (wie auch immer du dir diese andere Seite vorstellen magst). Was heißt, das Richtige tun? Lebensbedingungen auf diesem Planeten verbessern. Wie, wodurch, für wen, für wie viele – ganz egal."

Und das hat große Vorteile:
Wenn wir uns dazu entscheiden, das Gesetz der Polarität anzuerkennen und den jeweiligen Gegenpol von uns aus mit der nötigen Aufmerksamkeit zu versorgen, können wir uns aussuchen, was und wie viel wir gerne geben möchten. Wir können uns an die 95%-Regel halten und 5% von allem abgeben, garniert mit Wertschätzung, Respekt und Dankbarkeit für alle Geschenke, die wir vom

Leben empfangen. In welcher Form auch immer ... Hauptsache, unsere Gabe ist für unser Dafürhalten angemessen in Art und Wert.

Falls wir nicht dazu bereit sind, gilt das Gesetz trotzdem, und wir bleiben ihm so oder so unterworfen. Die Gegenseite holt sich ihren Anteil auf jeden Fall, aber vielleicht in einer Art und Weise, die uns schmerzlich trifft. Die Wahl haben wir dann nicht mehr.

Sicher fällt Ihnen auch selbst sofort eine Reihe von Beispielen ein:
Wenn jemand zu lange und zu hart arbeitet, ohne sich die notwendige Muße zur Regeneration zuzugestehen, kann er krank werden oder einen Unfall haben, der ihn für eine gewisse Zeit zur Untätigkeit zwingt. So organisiert sich sein Körperbewusstsein den Ausgleich.
Wenn Leute zu selbstsüchtig und nur auf ihren eigenen Vorteil bedacht sind, kann es geschehen, dass sie auch von ihrer Umgebung keinerlei freundliche Gegenleistungen mehr erhalten und für jede kleine Dienstleistung teuer bezahlen müssen.
Wenn Menschen rücksichtslos nur ihre eigene Karriere bedienen, finden sie sich möglicherweise irgendwann in einer einsamen Position, in der sie sich nicht mehr auf die Unterstützung sozialer Netzwerke verlassen können.
Oder um Hanns Dieter Hüsch zu zitieren: „Wer immer nur Buttercremetorte isst, weiß eines Tages nicht mehr, wie Buttercremetorte schmeckt."

Wie gesagt, es liegt an uns selbst, dem Gesetz der Polarität Genüge zu tun, indem wir freiwillig und großzügig von all dem Guten in unserem Leben einen Teil zum Besten von allen zur Verfügung stellen, indem wir uns selbst, unseren Körper, unsere Fähigkeiten und

Talente und unser Umfeld wertschätzen, ihnen mit Respekt und Dankbarkeit begegnen und liebevoll für sie sorgen, kein Angebot über Gebühr ausreizen und uns immer als eine Zelle in einem großen Organismus begreifen, der es so lange gut geht, wie auch das große Ganze in einem gut ausbalancierten, gesunden Zustand ist.

Auch dieser letzte Gedanke ist typisch für ein schamanisches Weltbild: Jeder Mensch befindet sich quasi im Knotenpunkt eines mehrdimensionalen Netzwerks und ist mit all seinen Gedanken, Worten und Taten für das allgemeine Wohlergehen zuständig und verantwortlich. Nur wenn die Kräfte in diesem Gefüge immer wieder ausgeglichen werden, wenn Aufnehmen und Abgeben in Balance sind, kann eine Gemeinschaft gedeihen.

In Afrika ist diese Überzeugung so sehr im Bewusstsein von indigenen Völkern verankert, dass niemals eine einzelne Person für krank gehalten wird. Sobald ein Dorfbewohner Symptome zeigt, wird das ganze Dorf als erkrankt betrachtet, und es ist daher Aufgabe aller übrigen Mitglieder der Gemeinschaft auf unterschiedliche Weise zur Gesundung beizutragen: durch Betreuung des Kranken, durch Sammeln und Zubereiten von Heilkräutern, durch Aussöhnung mit der spirituellen Welt und durch Besinnung auf eigenes Fehlverhalten, das die Harmonie im Dorf gestört haben könnte, und durch dessen Wiedergutmachung.

Und natürlich hat auch diese Betrachtungsweise Vor- und Nachteile, weil halt eben das Gesetz der Polarität in allem und jedem anwesend und wirksam ist. Sobonfú Somé, eine Schamanin aus Burkina Faso, besucht mehrmals jährlich ihr Dorf, um den Kontakt zu ihren Wurzeln nicht zu verlieren. Üblicherweise freuen sich alle im Dorf sehr über ihren Besuch, und an die 20 Personen weichen für drei Tage und Nächte nicht von ihrer Seite. Da Sobonfú aber meistens in den USA lebt und offensichtlich schon von der dort üblichen Denkweise beeinflusst war, kam sie auf die Idee, sich nach ihrer Ankunft ein wenig mehr Freiraum und Ruhe dadurch zu organisieren, dass sie sich „krank meldete". Resultat: Die Mitteilung „Sobonfú ist krank" bewirkte, dass diesmal 50 Personen um ihr Bett versammelt waren und dort Tag und Nacht ausharrten.

Ja, es ist wunderbar, mit allen schwierigen Situationen nicht allein gelassen zu werden, aber es kann auch ganz schön beanspruchend sein, niemals allein und für sich bleiben zu können. Für unsereinen, der ganz anders sozialisiert worden ist, eine ziemlich erschreckende Vorstellung, nicht wahr?

Von dem Alten Wissen, das sich in Stammeskulturen da und dort noch erhalten hat, lohnt es sich durchaus zu lernen, aber es ist wenig sinnvoll, diese Traditionen zu idealisieren. Auch Schamanen und die Menschen in ihrem Umfeld sind der Polarität ausgesetzt und müssen immer wieder von Neuem die Situationen des täglichen Lebens in Balance bringen. Dafür gibt es kein Geheimrezept und keine fixen Regeln, das erfordert Achtsamkeit, Respekt und viel Kreativität.

Und wie steht es nun mit dem Wünschen

Viele Autoren (auch ich) haben darüber geschrieben, dass wir uns unsere Wirklichkeit (mit)gestalten können, indem wir unsere Aufmerksamkeit bewusst auf die Ziele und Umstände, auf die Aspekte unserer gegenwertigen Erfahrungswelt lenken, die wir mit unserer mentalen Energie stärken und nähren wollen. Dadurch nimmt nicht nur dieser Teil unserer Wahrnehmung mehr Raum in unserem Bewusstsein ein, nein, wir beeinflussen tatsächlich auch die materiellen Gegebenheiten.

Gehirnforscher wie Gerald Hüther bestätigen, dass in unserem plastischen Gehirn die Verbindungen messbar verstärkt werden, die wir häufig nutzen. Es entstehen „Synapsenautobahnen", auf die unsere Gedanken – wenn wir sie nicht bewusst korrigieren – immer wieder leicht einlenken. Das bedeutet, wer sich gewohnheitsmäßig damit beschäftigt, sich und andere und den Verkehr und das Wetter und die Politik und, und, und … zu kritisieren, wird immer von Neuem leicht in das gleiche Fahrwasser geraten. Nicht weil er recht hat und die einzig wahre Sicht auf die Dinge vertritt, sondern weil seine inzwischen angelegten „Autobahnen" dazu verführen, immer wieder die gleiche Strecke auf die gleiche Weise zu absolvieren. Es ist eben leichter, ohne viel nachzugrübeln oder zu hinterfragen, heute genauso zu denken und die gleichen Inhalte mit den gleichen Bewertungen zu verknüpfen wie schon gestern, vorgestern oder letztes Jahr. Wenn man dann im Privatleben, am Arbeitsplatz oder im Freundeskreis auch noch von Gleichgesinnten umgeben ist, kann man sich der Illusion hingeben, man befinde sich ja auf der richtigen Seite und vertrete die einzig richtige Weltanschauung. Welche auch immer …

Sollte jemand aber feststellen, dass die bisherigen Denkmuster nicht dazu beigetragen haben, sich gesund, sicher und anerkannt zu fühlen und den bisher angestrebten Zielen näher zu kommen, wird es wohl Zeit, die gewohnten „Denkautobahnen“ zu verlassen. Wie gesagt, unser Gehirn ist plastisch, das heißt immer wieder von neuem formbar, je nachdem welche Bereiche besonders beansprucht und entfaltet werden. Dieser Sachverhalt ist heute wissenschaftlich unbestritten. Und ebenso sicher belegt ist die Annahme, dass durch die bewusste Veränderung im Denken, also durch das bewusste Vernachlässigen der bisher gewohnten Muster und die verstärkte Zuwendung zu neuen gedanklichen Zusammenhängen, die alten Autobahnen allmählich wieder zu kleinen Landstraßen oder Feldwegen umgestaltet und an anderer Stelle neue breite und immer bequemer befahrbare Highways errichtet werden. Das alles lässt sich inzwischen mit modernen bildgebenden Geräten nachweisen.

Dieser Vorgang dauert üblicherweise eine gewisse Zeit und erfordert etwas Disziplin und Gedankenkontrolle. Aber er ist für jeden durchführbar. Und das Erfreuliche daran ist, dass es mit jeder Korrektur leichter wird, die Gedanken in eine liebevolle, respektvolle und lustvoll-kreative Richtung zu lenken. Die neue „Synapsenautobahn“ wächst ja und wird immer besser ausgebaut. Und gegen Ende dieses Prozesses „rutschen“ unsere Gedanken genauso selbstverständlich und mühelos in diese neuen, konstruktiven Verbindungen hinein wie früher in die destruktiven.

Und wie passt das nun alles zum vorher Geschriebenen, zur Anerkennung der Polarität in allen Lebensbereichen? Haben wir es hier nicht mit einem Widerspruch zur bisher beschriebenen Sichtweise und dem daraus resultierenden Verhalten zu tun?

Vielleicht haben Sie bemerkt, dass ich mit keinem Wort festgeschrieben habe, welche Denkmuster sich im Leben eines bestimmten Individuums wie auswirken. Für mein Verständnis ist jeder Mensch aufgefordert, sein Denkmodell selbst zu durchforsten und herauszufinden, welche Gedanken sich für ihn persönlich bisher als wenig hilfreich oder gar zerstörerisch erwiesen haben. Wo sich Knoten und Widerstände zeigen, die die Bündelung und Ausrichtung der mentalen Kräfte bisher behindert haben. Und dann die bewusste Entscheidung zu treffen, diese Hindernisse aufzulösen und die Energie auf das definierte Ziel zu fokussieren.

Dieses willentliche Gestalten neuer Gedankenverbindungen, Bewertungen und Vorstellungen bedeutet aber keineswegs gleichzeitig, dass der andere Pol, die Gegenseite des Erwünschten, ignoriert wird. Nein, den Gegenpol als solchen zu erkennen und bewusst zu bedienen, verhilft uns erst dazu, dass sich unsere Pläne und Ziele unseren Wünschen gemäß manifestieren können.

Lassen Sie mich das mit ein paar einfachen Beispielen illustrieren:
Schamanen lehren, dass es grundsätzlich nur drei Themen gibt, die für Menschen bedeutsam sind: **Gesundheit** und/oder Wohlbefinden, **Liebe** und **Erfolg** und/oder Anerkennung. Natürlich gibt es dazu unzählige Ausprägungen und Varianten …

Erstes Beispiel:
Alle wollen gesund sein und sich wohl fühlen, meinen Sie wahrscheinlich. Ich für mein Teil bin da nicht so sicher, weil ich im Lauf der Jahre viel über den sogenannten sekundären Krankheitsgewinn gelernt habe, also darüber, inwiefern Krankheiten auch dazu benützt werden können, nur unbewusst vorhandene oder nicht ansprechbare Bedürfnisse zu befriedigen.

So kenne ich einen Schauspieler, der als Kind einige Kinderkrankheiten gleich mehrmals bekommen hat, mit denen sich jeder angeblich nur einmal ansteckt, weil er dann genügend Antikörper gebildet hat und dagegen immun ist. Der Vorteil bestand für das Kind darin, dass seine berufstätige Mutter nur dann zu Hause blieb, wenn es galt, den erkrankten Nachwuchs zu betreuen. Kurz, dieses Kind hat – wahrscheinlich schon früh und intuitiv – herausgefunden, wie es zu mehr Zuwendung von Seiten der vielbeschäftigten Mutter gelangen konnte. Und zahlte dafür den Preis von Fieber, Halsweh oder Ausschlägen.

Ähnliches konnte ich auch bei Erwachsenen beobachten, die sich selbst nicht gestatteten oder zutrauten, eine unglückliche Ehe zu beenden oder eine frustrierende berufliche Konstellation zu verlassen (die offiziell dargelegten Gründe dafür können vielfältig sein), und in eine chronische Erkrankung flüchteten, um einerseits dem bisherigen Druck zu entgehen und andererseits mehr freundliche Aufmerksamkeit zu erhalten. Der Preis, den manche dieser Personen bereit waren, dafür zu bezahlen, war erstaunlich hoch: Einschränkungen im Bewegungsapparat, langdauernde Schmerzzustände, unangenehme medizinische Interventionen und vieles mehr. Wenn Sie sich in Ihrem Bekanntenkreis umsehen, werden Sie möglicherweise vergleichbare Fälle entdecken.

Der Prozentsatz der Menschen, die auf jeden Fall gesund werden wollen und bereit sind, dafür alles, wirklich alles Notwendige zu tun, ist ziemlich gering. Und auch die zahlen einen Preis dafür: Die klare Entscheidung zur Genesung erfordert und verursacht einige Veränderungen nicht nur in den Denkmustern, sondern auch im alltäglichen Leben. Es kann durchaus passieren, dass man alte Gewohnheiten aufgeben muss, dass sich langjährige Freundschaften auflösen oder Arbeitsverhältnisse nicht mehr fortsetzen lassen, dass eine Übersiedlung notwendig geworden ist. Und es kostet Zeit und Kraft und Konzentration, sich immer wieder neu in Richtung Gesundheit auszurichten und das Vertrauen in die eigene Vision von einem Leben in Wohlbefinden zu nähren.

Zweites Beispiel:
Und wie verhält es sich mit der Liebe? Die mag zwar eine Himmelsmacht sein, dennoch werden Liebesbeziehungen auf Erden gelebt und müssen sich auch da bewähren. Die Illusion, dass jeder Tag voller Schmetterlinge im Bauch sein müsse, wenn es endlich gelungen ist, die oder den einzig Richtige(n) zu finden, hat schon viele Beziehungen scheitern lassen. Ich nenne das „Hollywood im Kopf“, also die von der Filmindustrie genährte Vorstellung, dass jeder Tag wie der Himmel auf Erden sein müsse, dass der Geliebte einem jeden Wunsch von den Augen abläse, dass man zu zweit dem Alltag entfliehen könne. Dabei wird gerne übersehen, dass es im Kino ja keinen Alltag gibt, und damit auch keinen Schnupfen, keine schmutzigen Socken oder unverschlossen liegen gelassene Zahnpastatuben. Und wenn im Film jemand krank ist, geht es um Leben oder Tod, nicht um eine banale Grippe.

In der alltäglichen Wirklichkeit geht es aber vielmehr um den bewussten und liebevollen Umgang mit diesen gewöhnlichen Querelen und um das Wissen, dass auch die wunderbarste Liebesgeschichte Höhen und Tiefen durchmacht. Wenn Sie bereit sind, einen angemessenen Preis zu zahlen, also auch einmal fünf gerade sein lassen können, nicht bei jedem Streit oder jeder Kränkung die gesamte Gemeinsamkeit in Frage stellen und vielleicht sogar einen Modus finden, um auch in diesem Feld den Gegenpol bewusst zu bedienen, haben Sie gute Chancen, dass der Balanceakt gelingt.

Zwei Menschen aus meinem Freundeskreis haben eine wunderbare Methode gefunden, um aus letzterem ein Spiel zu machen. Sie haben den „Verein zur Dramatisierung des Alltags" gegründet. Jedes Mal, wenn nun die Gefahr bestand, dass einer dem anderen mit irgendwelchen Herumzickereien und anderen Aufregungen so richtig auf die Nerven gehen könnte, wurde der eine gleich vorsorglich zum Präsidenten oder zur Präsidentin des genannten Vereins ernannt, weil er oder sie ja offensichtlich so viel besser in der Umsetzung des Vereinszieles sei. Der Wettstreit darum, das jeweilige Gegenüber mit dem Vorsitz zu ehren, löste sich regelmäßig in Gelächter auf. Für mein Verständnis ist das ein wunderbares Beispiel für den kreativen Umgang mit alltäglichen Beziehungsnöten.

Abgesehen davon wird unter dem Deckmantel „Liebe" ja auch manches andere abgehandelt. Vom sozialen Aufstieg bis zur finanziellen Absicherung, von der gemeinsamen „Brutpflege" bis zum Anspruch auf Pflege im Alter. Alles sicher wichtige Teilaspekte einer Lebensgemeinschaft, für die allerdings immer auch ein Preis zu zahlen ist. Dem sozialen Aufstieg zuliebe verzichtet jemand vielleicht auf die alten Freunde aus Kindertagen, die finanzielle Absicherung bezahlen manche mit Abhängigkeit. Und dass die Pflegearbeit bei aller Liebe einen auch ziemlich fordern kann, hat sich schon herumgesprochen.

Es steht Ihnen frei, sich eine liebevolle Partnerschaft auf Augenhöhe zu wünschen, aber es muss Ihnen auch immer klar sein, dass Sie dafür etwas tun müssen: alte Verhaltensmuster ablegen, Nachsicht mit den eigenen Unvollkommenheiten und denen des Partners üben, Rücksicht auf die Bedürfnisse von anderen nehmen, sich auch einmal durchsetzen und Ihre inneren Befindlichkeiten und Bedürfnisse so kommunizieren, dass das Gegenüber sie auch verstehen kann.

Drittes Beispiel:
Zum Thema Erfolg und Besitz fällt es den meisten Menschen am leichtesten zu akzeptieren, dass sie dafür etwas beitragen müssen. Sie zahlen einen Preis, indem sie eine längere Ausbildung auf sich nehmen, im Ausland Erfahrungen sammeln oder wichtige Kontakte pflegen. Oder sie teilen sich ihr Einkommen klug ein und ermöglichen so größere Anschaffungen. Meiner Meinung nach gehört aber mehr dazu, der Gegenpol zum Erfolg heißt wohl Scheitern. Und das bedeutet, dass wir auch dem Scheitern Raum geben, Misserfolge gut annehmen und vielleicht auch einmal bewusst auf etwas verzichten, was wir erreichen könnten. Und zum Thema Besitz gehört wohl der Verlust, den wir aber inszenieren können, indem wir freiwillig einen Teil davon abgeben.

Walter Russell, das amerikanische Universalgenie, hat einmal formuliert, wie das Realisieren von Wunschvorstellungen gelingen kann: „Du musst die Wunschkraft senden und bereit sein, das Not-

wendige zu tun." Oft habe ich beobachtet, dass Menschen sich gerne alles Mögliche ausmalen, dass sie aber den zweiten Teil von Russells Aussage nicht einlösen wollen. Sie wollen vom Schicksal großzügig beschenkt werden, aber keinen Preis dafür zahlen. Damit haben sie grundsätzlich missverstanden, wie das Gesetz der Polarität funktioniert. Es steht uns nämlich nicht frei zu entscheiden, ob wir einen Preis zahlen wollen oder nicht. Wir können aber sehr wohl darauf Einfluss nehmen, in welcher Form wir zahlen, wenn wir die Gesetzmäßigkeiten auf der Erde anerkennen und schon im Voraus etwas für die andere Seite anbieten.

Es gibt eine Geschichte von Walter Russell, die sehr schön illustriert, was er damit gemeint hat: Walter Russell stammte aus ärmlichen Verhältnissen. Obwohl er schon früh besondere Fähigkeiten an sich entdeckte, hatte er lange Jahre wenig Geld. Als junger Bursche von 17 Jahren hatte er eine Freundin, die eines Tages die Ankündigung zum Gastspiel einer Operntruppe las und meinte, sie würde für ihr Leben gerne eine solche Vorstellung besuchen. Russell antwortete: „Das geht leider nicht." Darauf sie: „Eine solche Aussage aus deinem Mund …?"

Kurzum, als der Kartenverkauf begann, stellte sich Walter Russell mit vielen anderen Interessierten an. Er wartete einen Tag und eine Nacht in der Schlange ohne einen Groschen Geld in der Tasche. Am folgenden Morgen wollte ihm ein gut gekleideter Mann seinen Platz – die Kassa war bereits in Sichtweite – abkaufen. Russell meinte: „Nein, meinen Platz gebe ich nicht her, aber ich kann gerne auch für Sie Karten besorgen." Der Mann gab ihm Geld und seine Adresse. Russell notierte alles fein säuberlich in einem Büchlein, das er bei sich trug. Das beobachteten andere Leute und folgten diesem Beispiel. Und natürlich gaben sie alle Walter Russell ein bisschen mehr, als die Karten kosteten, weil er ihnen ja einen Dienst erwies.

Als er endlich an der Reihe war, besorgte er alle bestellten Karten. Zusätzlich hatte er inzwischen so viel Geld übrig, dass er für alle sieben verschiedenen Vorstellungen je zwei Karten kaufen konnte. Und dann blieb immer noch etwas übrig für ein paar Klavierstunden, die er sich sehnlichst gewünscht hatte.

Können Sie sich vorstellen, dass Sie so gehandelt hätten? Sich anzustellen ohne Geld, ohne zu wissen, wie eine Lösung aussehen könnte? Walter Russell meint, darin bestehe der Unterschied zwischen einem Genie und einem Normalbürger: Das Genie ist bereit, das Notwendige zu tun, ohne schon vorher zu wissen, wie die Geschichte ausgehen werde. (Ohne die Bereitschaft, sich auf jeden Fall in die Reihe vor der Kassa zu begeben, hätte ja alles Weitere nicht stattfinden können.) Alle Menschen bekommen Chancen, aber die meisten betreiben Selbstzensur und setzen die Schere im Kopf an, bevor ein „verrückter" Gedanke wirklich Form annehmen kann.

Wenn Sie das Thema Wünschen so verstehen, wenn Sie bereit sind, die Türen aufzumachen und auch Lösungsvorschläge zu akzeptieren, die Ihnen fürs Erste unverständlich sind, wenn Sie bereit sind, das Notwendige zu tun und Ihre Energie vertrauensvoll zu investieren, und vor allem, wenn Sie sich nichts wünschen, was nur auf Kosten von anderen Lebewesen realisierbar ist – dann können die Wunder geschehen.

**„Man darf den Glauben an die Menschheit nicht verlieren.
Die Menschheit ist wie ein Ozean;
wenn einige Tropfen Wasser schmutzig sind,
wird deshalb nicht der ganze Ozean schmutzig.“**

Mahatma Gandhi

Die dunkle Seite – der negative Pol

Zuerst möchte ich klären, was es in meinem Verständnis mit dem negativen Pol oder der dunklen Seite auf sich hat. Wie gesagt, es ist immer eine Frage der Interpretation oder Bewertung, ob ein Mensch etwas als dunkel oder negativ empfindet. Ich behaupte, dass es so etwas wie einen allgemeingültig als negativ zu bewertenden Pol gar nicht gibt. Außer im Zusammenhang mit Magneten oder Elektrizität, mit naturwissenschaftlichen Phänomenen, in dem „negativ" aber nicht „schlecht" oder „böse" bedeutet, sondern nur, dass die Kathode, der negative Pol in einem elektrischen Stromkreis, positiv geladene Kationen anzieht und die Anode, der Pluspol, die negativ geladenen Anionen. Nur so kann Strom fließen und vielfältig genützt werden. Noch ein wenig genauer betrachtet gilt das eben Beschriebene nur für den Gleichstrom. Wir betreiben aber alle Geräte, die am Stromnetz hängen, seit mehr als hundert Jahren dank Nikola Teslas genialer Erfindung mit Wechselstrom, also mit einer Energieform, bei der die Pole ständig ihre Ladung und damit die geladenen Teilchen ihre Richtung wechseln. Und warum mit Wechselstrom? Weil nur der sich ohne wesentliche Verluste mittels Kabel über große Strecken transportieren lässt.

Weil ich gerne die symbolische Bedeutung von bekannten Alltagsdingen betrachte, fällt mir zweierlei auf: Erstens dass Elektrizität sofort aufhört zu fließen, wenn wir den negativen (oder auch den positiven) Pol entfernen. Damit schneiden wir uns selbst unmittelbar von dieser Energieform ab. Strom funktioniert nur zwischen Kathode und Anode, also nur, wenn der Kreis geschlossen ist.

Und zweitens finde ich es bemerkenswert, dass der Wirkungskreis vervielfacht wird, wenn die Pole wechseln. Im übertragenen Sinn könnte ich das so deuten, dass unser Verständnis für unser Erleben, aber auch unsere Fähigkeit, wirksam zu werden und unsere Lebensumstände zu gestalten, bei weitem größer ist, wenn wir unsere gewohnten Bewertungen immer wieder einmal hinterfragen, unsere Themen aus anderen Perspektiven betrachten und sogar die Position unserer Gegner einnehmen. So erweitern wir unser Spektrum an Information und können Lösungen finden, die für alle Seiten akzeptabel sind. Zwischen Menschen, die nicht nur auf ihrem Standpunkt als dem angeblich einzig richtigen beharren, sondern auch die Beweggründe ihres Gegenübers wahrnehmen können, fließt sicherlich mehr Energie, die allen Beteiligten zugute kommen kann. Ein indianisches Sprichwort besagt, dass wir erst eine Meile in den Mokassins eines anderen gegangen sein müssen, bevor wir beurteilen können, was in diesem vorgeht.

Beim Wechselstrom lässt sich eindeutig nicht mehr definieren, welcher der Plus- und welcher der Minuspol ist. Genau so lässt sich bei zwei Personen, die bereit sind, ihren Konflikt zu lösen, indem sie die Berechtigung des gegnerischen Standpunktes anerkennen, nicht mehr feststellen, wer „objektiv" recht oder unrecht hat.

Wenn ich diesen Gedanken weiterspinne, komme ich zur Frage, was denn im tiefsten Urgrund hinter diesen eindeutigen Bewertungen, was positiv und was negativ sei, steckt. Ich vermute, eine große Portion Hochmut und ein eklatanter Mangel an Gottvertrauen. Jemand, der sich anmaßt, irgendein Geschehen auf dieser Welt eindeutig und allgemeingültig als schlecht zu charakterisieren, weiß

offenbar besser als alle anderen Menschen, ja sogar besser als Gott oder die Wesen in der spirituellen Welt, was richtig und was falsch ist. Und daraus leitet dieser Jemand dann auch das Recht ab, andere abzulehnen und zu verurteilen.

Steht das nicht im Widerspruch zu einem spirituellen Weltbild, in dem die Schöpfung als gottgewollt und harmonisch und alles Auf und Ab im Leben als Lernerfahrung gesehen werden, die wir uns selbst gewählt oder kreiert haben? Kann Gott, in dem doch alle Gegensätze aufgehoben und enthalten sind, etwas Falsches oder Schlechtes erschaffen?

Viele fromme Leute haben sich quer durch die Jahrhunderte an diesen Fragen abgearbeitet. Und so kam es dazu, dass auch Gott aufgespalten wurde: in einen „lieben Gott" und den Satan. Schon im Alten Testament finden wir Adonai, den liebenden, und Jahwe, den strafenden Gott. Bibelforscher widersprechen heute der Meinung, dass dies nur zwei unterschiedliche Namen für ein und denselben Gott seien, sondern behaupten, dass es sich dabei sehr wohl um zwei verschiedene Götter oder personifizierte Aspekte Gottes handle.

Im Übrigen gibt es auch in vielen schamanischen Traditionen die Vorstellung von hilfreichen Geistwesen und bösen Dämonen. Und es geht darum, sich mit den Ersteren gut zu stellen, damit die Letzteren einem nichts antun können. Menschen haben offenbar große Schwierigkeiten, sich Vorstellungen zu machen, in denen die Polarität aufgehoben ist, beziehungsweise erfreuliche und schmerzhafte Ereignisse der gleichen Quelle zuzuordnen. Zu sehr sind wir in unseren kreatürlichen Erfahrungen an dieses polare System gebunden.

Natürlich ist es nicht leicht, dieses Vertrauen in das Göttliche und ins eigene Schicksal zu nähren und nie zu verlieren. Das weiß ich aus eigener Erfahrung: Vor vielen Jahren lag ich wegen einer Risikoschwangerschaft lange Wochen im Spital. Mit der Unterstützung der Ärzte tat ich alles, wirklich alles, was mir damals möglich war, um das Leben meines Babys zu retten. Trotzdem kam es dann doch zu früh zur Welt und starb noch am selben Tag. In der Folge habe ich buchstäblich mit Gott und der Welt gehadert, sah mich vom Leben grausam und ungerecht behandelt und stellte mir tausend sinnlose Fragen. Was wäre gewesen, wenn …? Warum gerade ich …? Hätte man irgendetwas anders machen können? Wenn ja, was? Warum kommen so viele unerwünschte Kinder gesund zur Welt und meine sehnlichst erwartete kleine Tochter nicht?

In der Folge entwickelte ich schwere psychische Störungen, hatte Panikattacken und war nicht mehr arbeitsfähig, obwohl ich körperlich längst wiederhergestellt war. Bis ich eines Tages, etwa ein halbes Jahr später, einen Geistesblitz, einen Augenblick der Erleuchtung erlebte: Mir war klar, dass ich diesem Geschehen eine Sinnhaftigkeit zubilligen musste, obwohl ich es doch die ganze Zeit für völlig sinnlos gehalten hatte. Und ich begriff auch, dass niemand in dieser oder in der anderen Welt verpflichtet war, mir den Sinn zu erschließen, dass dies ganz allein meine Aufgabe war!

Und so traf ich die Entscheidung, dieses schmerzlichste Erlebnis meines bisherigen Lebens für sinnvoll zu halten, auch wenn ich dessen Sinn noch nicht sehen und erfassen konnte. Damit hatte ich mich, ohne genau darüber nachzudenken, auch zum Gottvertrauen entschieden und dazu, anzuerkennen, dass mein kleiner Menschenverstand eben vielleicht doch nicht ausreicht, um alle Zusammenhänge wirklich zu begreifen. Danach ging in meiner Seele und in meinem Geist eine Tür auf. Erst nachdem ich akzeptiert hatte, dass es eine andere Sinnhaftigkeit als die mir bisher geläufige geben kann, konnte ich auch bisher verborgene Aspekte wahrnehmen. Ich hatte diese ja zuvor entschieden abgelehnt und ausgeblendet. So begann ich, viel über mich und den Zusammenhang von Leben und Sterben zu lernen. Der Tod wurde ein Teil des Lebens, er war kein Gegenpol mehr.

Inzwischen weiß ich, dass die Dauer eines Menschenlebens nichts über sein Gelingen aussagt, dass entscheidende Weichenstellungen in jedem Augenblick geschehen können. Und so ist in mir die Vorstellung gewachsen, dass sich da offenbar eine Seele zur Verfügung gestellt hat, um mich auf den richtigen Weg zu führen. Eben auf die Art und Weise, die effizient war! Es musste schon eine wirklich existenzielle Herausforderung eintreten, um meine bisherigen Denkmuster, mein Selbstbild und meine Macherallüren zu zertrümmern. Kein Stein blieb auf dem anderen. Auch in der alltäglichen Wirklichkeit hat sich damals viel verändert, meine berufliche und meine private Situation haben sich aufgelöst.

Jahre später habe ich in Guatemala eine schamanische Reise zu meiner kleinen Tochter gemacht und zu meiner Verblüffung eine mächtige, weise Alte vorgefunden, die mich zärtlich in ihren Armen wiegte. Diese Frau hat mir erklärt, dass sie die Gestalt eines winzigen Kindleins annehmen musste, um mir das beizubringen, was ich sonst nicht verstanden hätte. Mein Widerstand wäre sonst zu stark und unüberwindbar gewesen.

Nun ja, wie ist das also mit „positiv“ und „negativ“? Ist meine Geschichte gut oder schlecht? Bin ich gut – oder böse, weil ich nur so lernen konnte? Weil ein Kind sterben musste, damit ich richtig denken, fühlen und leben lernte? Wer soll das entscheiden? Auf jeden Fall weiß ich seither, dass es so etwas wie „eindeutig diesem oder jenem Pol zugehörig“ nicht gibt. Es liegt an jedem von uns, die Pole immer wieder neu zu sehen und zu bewerten.

So ähnlich verhält es sich mit der sogenannten „negativen Energie“, von der in esoterischen Kreisen so oft geredet wird. Ich halte mich dabei gerne an die Physiker, für die es so etwas einfach nicht gibt. Was sollte man sich auch darunter vorstellen?

Energie ist die Fähigkeit, Arbeit zu verrichten, sagen Naturwissenschaftler. Und dass sie nicht verloren gehen oder verschwinden, sondern nur umgewandelt werden kann. Das heißt, wir können mit den entsprechenden technischen Geräten aus Wasserkraft Elektrizität, aus Elektrizität Wärme oder Bewegung machen und vieles mehr.

Aus dieser Definition lässt sich nichts ableiten, was man als „negative Energie“ bezeichnen könnte. Damit kann höchstens eine Form oder Intensität von Energie gemeint sein, mit der man im Moment nicht zurechtkommt. Um es mit Bildern aus dem Alltag zu illustrieren: Meine Fingerkuppen und eine heiße Herdplatte passen nicht gut zusammen, was aber weder etwas über die Qualität meiner Fingerkuppen noch über die meines Herdes aussagt. Beide „Kontrahenten“ sind in einem anderen Kontext durchaus nützlich, meine empfindlichen Fingerkuppen lassen mich feine Strukturen ertasten und Handarbeiten durchführen, und ohne meinen Herd wäre es schwierig, Essen für mich und meine Freunde zuzubereiten. Andererseits bin ich auch schon etwa sechs Meter weit über glühende Kohlen, mehr als 300 Grad Celsius heiß, gegangen, ohne mich zu verbrennen. Und in Hawai'i gehen Kahuna barfuß über Lava, die eben erst von einem Vulkan ausgespuckt worden und daher mindestens doppelt so heiß ist, ohne Schaden zu nehmen. Daraus folgt, wir können nicht einmal eindeutig definieren, welche Temperatur für unseren Körper unverträglich und schädigend ist. Es kommt offensichtlich auf andere als die quantifizierbaren Faktoren wie eben Temperatur oder Material an. Kahuna sagen, das Feuer verletzt uns nicht, solange wir mit Pele, der Feuergöttin, in Harmonie sind, wenn wir also unser inneres Feuer in Übereinstimmung mit ihrer Energie gebracht haben.

Wir neigen dazu, all das als negativ zu bewerten und abzulehnen, was wir als fremd, schmerzlich, unpassend oder unbequem empfinden. Alle Menschen haben offensichtlich eine gewisse Trägheit an sich, sie möchten gerne behalten, was sie angenehm finden, und wehren sich gegen jede Veränderung und jeden möglichen Verlust. Daran ist nichts Verwerfliches, für das wir uns genieren müssten. In diesem Punkt sind wir im Wesentlichen alle gleich!

Aber es ist doch auch tröstlich zu wissen, dass wir keineswegs allen äußeren Einflüssen hilflos ausgeliefert sind, dass wir fähig sind, ein gutes Auskommen mit den unterschiedlichsten Energieformen zu finden, wenn es uns wirklich wichtig ist, wenn wir bereit sind, unsere negativen Beurteilungen und damit den Widerstand dagegen aufzugeben und stattdessen unsere geistigen Fähigkeiten dafür einzusetzen, die als schädigend empfundene Energie in eine neutrale oder sogar hilfreiche Kraft zu verwandeln. Mein peruanischer Lehrer, Don Eduardo, hat gemeint, die sogenannte „negative“ Energie kreiere keine Probleme, sie lasse sich transformieren und lenken. (Wie das geht, habe ich in meinem Buch „Die Magie kehrt zurück“ beschrieben.) Das einzige Problem seinem Verständnis nach sei die Abwesenheit von oder der Mangel an Energie.

Auch im Zusammenhang mit Plätzen und Personen ist es fragwürdig, etwas als negativ zu bezeichnen. Natürlich gibt es auch für mich Orte und Räume, wo ich mich nicht wohl fühle. Das kann mit der äußeren Gestaltung oder mit einem Schwingungslevel zu tun haben, die mir nicht entsprechen, die es mir schwer machen, entspannt zu bleiben. Aber das bedeutet nicht, dass das immer und für jeden so ist.

In Estland war ich einmal auf einem alten Gutshof zu Gast, den die Bewohner gerade mit bescheidenen Mitteln wieder instand setzten. Das Bemerkenswerteste war der ehemalige Park rundherum, in dem etliche Sitzplätze eingerichtet waren, die sich alle ganz verschieden anfühlten. Ich erfuhr damals, dass sich infolge einer ungewöhnlichen geologischen Entwicklung in der Erde mehrere Meter lange, aufrecht stehende Eisenstäbe (oder eisenhaltige Stäbe) befänden, die diese unterschiedliche Wahrnehmung verursachten. Die Energie dieser Plätze war von Heilkundigen verschiedenen Krankheitsmustern zugeordnet worden und wurde auch gerne zu Genesung genützt.

Sie alle haben schon die Erfahrung gemacht, dass Sie sich an manchen Orten je nach körperlicher und seelischer Verfassung einmal gut und ein andermal weniger gut gefühlt haben. Oder dass Sie einen Ort eher meiden, Ihre beste Freundin aber gerade diesen Platz besonders schätzt. Das hat nur damit zu tun, welche Schwingung gerade besonders gut dazu beiträgt, dass sich Ihr System in Harmonie befindet.

Einmal hat mich ein älteres Ehepaar darum gebeten, seine Wohnung zu untersuchen. Nach einer Operation konnte die Dame des Hauses nämlich darin keine Ruhe und keinen Schlaf mehr finden, während der männliche Bewohner das Energiefeld gerade im Schlafzimmer besonders wohltuend fand. Herausgestellt hat sich in der Folge, dass die Frau ständig angespannt und unruhig war und daher einen Platz gesucht hat, der ihr dank seiner niedrigeren Schwingung zum Ausgleich verhelfen konnte, und dass im Gegensatz dazu der Mann, der sich oft eher kraftlos fühlte, an hochenergetischen Orten neue Lebensenergie verspürte. Wenn eine Wohnung groß genug ist, lassen sich natürlich passende Plätze für unterschiedliche Bedürfnisse finden. Ein gemeinsames Schlafzimmer kann es dann vielleicht nicht mehr geben, im konkreten Fall wurde es zugunsten des beiderseitigen Wohlbefindens aufgegeben. (Im Übrigen gibt es weltweit viele Völker und Kulturen, die das gemeinsame Nachtlager von Mann und Frau nicht für wünschenswert halten. Auch dazu gibt es eben verschiedene Denkmuster.)

So habe ich von einem kundigen Geomanten gelernt, auch keine Plätze in der Natur für positiv oder negativ zu halten. Entscheidend ist immer, wofür ein Ort gebraucht wird. Im Mittelalter wurde die Behausung des Henkers absichtlich auf einem Kraftfeld errichtet, das den Aggressionspegel der Bewohner hoch hielt, weil es ja durchaus nicht erwünscht war, dass dieser plötzlich ganz sanftmütig würde und seinen Beruf nicht mehr ausüben könnte. Solche Orte lassen sich auch heute noch finden. Im Waldviertel sollte ich einmal den energetischen Zustand eines alten

Hauses ausgleichen, das alles andere als Geborgenheit und Frieden ausstrahlte. Bei der Erforschung der historischen Unterlagen stellte sich heraus, dass dieses etwas abseits der Ortschaft gelegene Gebäude einst die Heimstatt des Abdeckers war. Abdecker hatten früher die Aufgabe, kranke und alte Tiere, deren Fleisch man nicht mehr essen konnte, zu töten, die Kadaver zu verwerten und zu Fetten, Leim, Knochenmehl, Salmiak, Seife, Bleichmittel oder Viehfutter zu verarbeiten. Das heißt, an diesem Ort waren wohl kaum Mitgefühl und Friedfertigkeit zu Hause, sie hätten möglicherweise die Arbeit des Abdeckers erschwert.

So gibt es eben von Mutter Erde angebotene Zonen mit verschiedenen energetischen Qualitäten, die entsprechend zu nützen sind. Falls allerdings die vorhandenen Frequenzen zu einer geplanten Nutzung gar nicht passen wollen, kann man auch daran arbeiten, das Schwingungsmuster zu verändern und günstig zu beeinflussen. Der slowenische Geomant Marko Pogačnik hat vielfach bewiesen, dass durch seine Steinsetzungen im Gelände sogar Verkehrskreuzungen und Kurven, die für häufige Unfälle bekannt waren, harmonisiert wurden. Nach seiner Intervention war die jeweilige Situation entschärft, die Gefahr gebannt, obwohl am Straßenverlauf selbst nichts verändert worden war.

Als Kraftort kann eine besondere Stelle in einem Gebäude oder im Gelände, in einem Wald, in einer Höhle, an einem Wasserfall bekannt geworden sein, weil sich dort viele Menschen erfrischt und mit neuer Energie aufgeladen fühlen. Aber es kann durchaus sein, dass sich andere Personen an eben diesen Plätzen weit weniger wohl fühlen und ganz kribbelig werden, weil das Schwingungsmuster nicht zu ihnen passt.

Tatsache ist, dass wir dort am meisten lernen, wo wir uns nicht entspannt zurücklehnen können, wo wir gefordert sind, unsere bisherige Denkweise, unser früheres Handeln zu überprüfen. Wo es Reibung gibt, wo wir nicht mehr weiterwissen, wo unsere gelernten Strategien nicht mehr ausreichen, haben wir die Chance, verborgene Talente zu entwickeln und neue Qualitäten dazuzugewinnen. In diesem Sinn sind es gerade die sogenannten negativen Erfahrungen, die zu unserer Persönlichkeitsentwicklung beitragen können, wenn wir aufhören, uns nur darüber zu beklagen und alles Ungewohnte, Fremde abzulehnen.

Unbestreitbar ist auch, dass wir in vielen Lebensbereichen unsere dunkle Kraft einsetzen müssen, um auf diesem Planeten überleben zu können. Was wäre zum Beispiel, wenn wir niemals etwas entsorgen, uns von etwas trennen könnten? Wir würden in einer Fülle von nicht mehr Benötigtem, Beschädigtem, Unbrauchbarem ersticken! Und wie würden unsere Städte aussehen, wenn niemals ein Haus abgebrochen würde? Wir hätten keinen Quadratmeter Grünfläche mehr, um uns zu erholen, keine Freiräume für Spiel und Sport und rundherum zu wenig freies Ackerland, um uns zu ernähren,. Ganz zu schweigen davon, dass wir wahrscheinlich von vielen Bauruinen umgeben leben müssten.

Das gilt auch für zwischenmenschliche Beziehungen, auch da ist es manchmal notwendig und förderlich, sich von jemandem zu verabschieden. Möglicherweise waren wir für eine Zeit unseres Lebens sehr eng mit jemandem befreundet, haben uns aber auseinander entwickelt und gehen nun verschiedene Wege. Anstatt sich weiterhin auf gesellschaftliche Konventionen zu berufen, obwohl sich die frühere Vertrautheit nicht mehr einstellen will, mag es für alle Beteiligten besser sein, sich in Frieden zu trennen, ohne den Freund aus vergangenen Tagen zu kritisieren. Jeder hat schließlich das Recht, schneller oder langsamer zu lernen, seine Wege und Umwege nach eigenem Gutdünken zu wählen und das Leben auf die ihm gemäße Weise zu bewältigen. Dafür gibt es keine allgemeingültigen Regeln, kein „richtig" oder „falsch". Die Bewertung beruht immer auf subjektiven Kriterien. Entscheidend ist für den Einzelnen, ob ihm oder ihr die jeweiligen Denkmuster dazu verhelfen, sich wohl, sicher, anerkannt und geliebt zu fühlen.

Der Umgang mit den beiden Polen sollte uns so selbstverständlich werden wie Einatmen und Ausatmen, wie Nahrung aufnehmen und die unverdaulichen Reste auch wieder abgeben. Untrennbar miteinander verbunden, einander bedingend, weil nur so unser Überleben gesichert ist. Wissen Sie, wie die Unfähigkeit, den Atem nicht nur ein-, sondern ebenso leicht ausströmen zu lassen, genannt wird? Das ist „Asthma"!

Wann immer wir den Eindruck haben, dass sich uns ein Hindernis in den Weg stellt, dass die dunkle Seite einer Person oder eines Sachverhalts viel Raum in unserem Denken einnimmt, haben wir die Möglichkeit, genauer zu untersuchen, warum wir uns gerade im Widerstand befinden und ob es nicht auch noch ganz andere Lösungen als die bisher bekannten geben könnte. Ohne den Gegenpol, ohne die Herausforderung durch das, was wir bisher vielleicht vernachlässigt haben, würden wir vermutlich in bequemer Selbstgefälligkeit verharren und uns nicht weiterentwickeln.

Was sollte an den dunklen, den unbekannten und bisher verborgenen Aspekten des Lebens also grundsätzlich negativ sein?

Ende der Gesundheit = Anfang von Krankheit?

Wir wissen es eigentlich alle aus eigener Erfahrung: Ab wann und warum wir uns krank fühlen, hängt von vielen Faktoren ab. Der Zustand lässt sich nicht so leicht und eindeutig an Kriterien festmachen. Auch die Definition des Begriffs „Gesundheit" durch die Weltgesundheitsorganisation WHO aus dem Jahr 1948 hilft uns nur begrenzt weiter:

„Gesundheit ist ein Zustand völligen psychischen, physischen und sozialen Wohlbefindens und nicht nur das Freisein von Krankheit und Gebrechen. Sich des bestmöglichen Gesundheitszustandes zu erfreuen, ist ein Grundrecht jedes Menschen, ohne Unterschied der Rasse, der Religion, der politischen Überzeugung, der wirtschaftlichen oder sozialen Stellung."

Und auf der Website des österreichischen Gesundheitsministeriums steht ergänzend dazu: „Gesundheit ist kein einmal erreichter und dann unveränderlicher ‚Zustand', sondern eine lebensgeschichtlich und alltäglich immer wieder neu und aktiv herzustellende ‚Balance'."

Und was versteht man dann unter „Krankheit"? In schamanischen Traditionen gibt es eine Reihe unterschiedlicher Zuordnungen von Krankheitsmustern und den entsprechenden Heilmethoden. Odu-Dua, der oberste spirituelle Führer der Yoruba in Benin, hat mir erzählt, dass er grundsätzlich zwischen „Naturkrankheit" und „Hexereikrankheit" unterscheidet. Patienten mit normalen Krankheiten werden, jeweils abhängig von seinem Befund, mit traditioneller Kräuterheilkunde oder westlicher Schulmedizin behandelt. Zu diesem Behufe bringt er die

Kranken oftmals auch mit seinem eigenen Auto ins nächste Spital. „Hexereikrankheit“ fällt in sein Ressort, da ist es an ihm, den kranken Menschen wieder von allen feindlichen und schädigenden Energien und übel gesinnten Wesenheiten zu befreien.

In manchen Kulturen wird eine Krankheit als Werk eines bösen Dämons, als Resultat der Vernachlässigung der Haus- und Schutzgeister oder auch als Initiationsritual eines Schamanen, eben als „Schamanenkrankheit“ interpretiert. Andere Angehörige von Stammeskulturen sehen eine Krankheit vielleicht als Ergebnis von schwarzer Magie, von negativen Emotionen im familiären Umfeld oder aber – im Gegensatz dazu – als Herausforderung und Lernerfahrung, die es zu bewältigen gilt.

Die Lösungsansätze passen zu den jeweiligen Vorstellungen: Ein Schamane oder eine Schamanin hat dann die Aufgabe, mit dem Dämon zu kämpfen und ihn dazu zu bewegen, vom Patienten wieder abzulassen; er muss herausfinden, welche Geistwesen beleidigt wurden und wie sie sich wieder versöhnen lassen, oder den bösen Zauber unwirksam machen und an den Sender zurückschicken.

Erstaunlich ist, dass in unseren Breiten die in Medizinerkreisen übliche Diktion durchaus derjenigen in krieger-schamanischen Traditionen entspricht. Bekanntlich ist davon die Rede, dass der Krebs besiegt, ein Schlaganfall überwunden und grundsätzlich jede Infektion bekämpft werden muss. Die Dämonen haben nur andere Namen und die hilfreichen Geister auch. Letztere heißen dann möglicherweise Infusion, Impfung oder Krankenkasse. Und die beeindruckenden Rituale heißen Operation, Magnetresonanzuntersuchung oder Physiotherapie. Auf jeden

Fall wird der Krankheit der Kampf angesagt und ein Krieg gegen bedrohliche Epidemien geführt.

Bei den sogenannten Abenteuer-Schamanen ist das Denkmodell zum Thema Krankheit und Gesundheit ein völlig anderes: Kahuna gehen davon aus, dass jedes auftretende Problem, jede ungesunde Symptomatik anzeigt, dass die Harmonie in einem bestimmten Lebensbereich gestört ist. Folgerichtig meinen sie, dass die Wiederherstellung eines ausgeglichenen Zustands zur Heilung führt. Diese Reharmonisierung kann nun auf verschiedenen Ebenen parallel erfolgen: durch die Anwendung von Heilpflanzen, um den Körper zu reinigen und zu stärken, durch Körperarbeit wie Lomi, um auch die im Körper gespeicherten negativen Emotionen und Erinnerungen zu entfernen, und auf geistiger Ebene durch Ho'oponopono, einen Bewusstseinsprozess, durch den ein Einzelner oder auch eine Gruppe von Menschen wieder in eine harmonische Schwingung mit dem Göttlichen, mit der kosmischen Ordnung findet.

Mir gefällt das Konzept, das ich in Hawai'i kennengelernt habe, wesentlich besser. Ich betrachte meinen Körper nicht als eine Maschine, die möglichst reibungslos zu funktionieren hat. Mein Körper ist die Manifestation der geistigen Matrix, also der Glaubenssätze und Denkmuster in meinem Bewusstsein. Daher ist auch die Wurzel jeder Krankheit im Bewusstsein zu finden, und die Heilung nimmt ihren Ausgang, wo auch die Krankheit den ihren genommen hat. Das schließt allerdings nicht aus, dass ich auch auf der materiellen Ebene bereit bin zu tun, was vonnöten ist. Ich sehe mich keineswegs veranlasst, mich zwischen der „Universitätsmedizin“ (wie Rüdiger Dahlke sie treffend bezeichnet) und alternativen, komplementären oder schamanischen Heiltechniken zu entscheiden. Ich bemühe mich, nach bestem Wissen und Gewissen Pro und Kontra abzuwägen und dann anzuwenden, was mir sinnvoll erscheint und der möglichst vollständigen Wiederherstellung meines Wohlbefindens dient.

Was ist also eine Krankheit? Wie stellen Sie fest, ob Sie selbst – oder eine andere Person – krank sind? Ja, natürlich gibt es einige bekannte Kriterien, die sich auch von einem Laien leicht erkennen lassen, wie Fieber, schlimme Verletzungen oder Schwellungen, deutliche Veränderungen der Haut, der Augen oder des Mundes, starke Schmerzen, Schwäche, Erbrechen und vieles mehr. Aber so einfach ist es dann aber doch nicht: Wir können nicht überprüfen, wie stark die Schmerzen einer anderen Person sind, wir können nur ihre Reaktion darauf sehen. Wir können nicht immer sicher sein, ob die Verdauungsstörungen bei uns selbst oder anderen nur durch eine unverträgliche Speise oder doch durch gefährliche Viren verursacht worden sind. Wir können nur sagen, dass ein ernstlich erkrankter Mensch nicht mehr fähig ist, seinen normalen Tagesablauf zu bewältigen.

Ja, aber was ist mit den vielen Schmerzzuständen und anderen gestörten Befindlichkeiten, die sich äußerlich nicht so ohne weiteres wahrnehmen lassen? Was ist mit Krebs, Diabetes oder Rückenschmerzen in einem Stadium, in dem sie den Betroffenen noch nicht von seinen normalen Lebensgewohnheiten abhalten? Natürlich kann sich jemand noch ausreichend gesund fühlen, obwohl ein Arzt bei genauer Untersuchung zu einer anderen Schlussfolgerung käme. Die Übergänge sind fließend, eine Grenze lässt sich nicht ein für alle Mal definieren. Es ist von der subjektiven Wahrnehmung und auch von den anerkannten Krankheitskonzepten abhängig, ob jemand als krank gilt oder nicht.

Ein kleines Beispiel: In unseren Körpern werden jeden Tag viele Tausende von neuen Zellen gebildet, meistens genau dem genetischen Muster folgend und sinnvoll zur Regeneration aller Körperteile beitragend. Aber manchmal gibt es da auch kleine Ausreißer, Zellen, deren Programm defekt ist und die plötzlich zu wuchern beginnen. Das heißt, von den circa 10-100 Billionen Zellen (dazu gibt es unterschiedliche Meinungen) im Körper eines Erwachsenen sind regelmäßig da oder dort etliche 10.000 auf Irrwege geraten. Manchmal sind es so viele, dass sie bei einer Vorsorgeuntersuchung auffallen können. Haben wir also alle Krebs? Ja, 20-40 Mal in jedem Menschenleben sind so viele Zellen mit Fehlprogrammierung vorhanden, dass man sie für das Frühstadium eines bösartigen Tumors halten könnte. Tatsache ist aber, dass wir im Regelfall nicht gefährdet sind. Unser Immunsystem findet die Ausreißer und entsorgt sie üblicherweise, bevor wir sie überhaupt bemerken und bevor sie ernstlich Schaden anrichten können.

Sie sehen schon, so einfach ist es nicht herauszufinden, ob und ab wann jemand krank ist. **Und so können wir auch in diesem Lebensbereich wahrnehmen, dass die Begriffe „Krankheit“ und „Gesundheit“ zwar als entgegengesetzte Pole gelten können, dass sie aber nur die Endpunkte einer Skala markieren, auf der wir uns einmal mehr in Richtung Wohlbefinden und ein anderes Mal mehr in Richtung Unwohlsein bewegen. Unser ganzes Leben lang befinden wir uns immer irgendwo dazwischen, so etwas wie 100% Gesundheit gibt es nämlich ebenso wenig wie 100% Krankheit. Das bedeutet, wir sind in diesem Leben niemals vollständig gesund, so wie wir auch niemals vollständig krank sind.** Wenn Sie genauer darüber nachdenken, werden Sie herausfinden, dass es auch in schlimmen Zeiten, in denen Sie sich schwach, krank und pflegebedürftig gefühlt haben, immer noch eine Vielzahl von Körperfunktionen gab, die wunderbar und quasi gesund abliefen. Wenn nämlich wirklich alle lebenswichtigen Organe ihren Dienst versagen, dann ist das Leben in diesem materiellen Körper zu Ende.

Dazu kommt noch die unterschiedliche subjektive Einschätzung des eigenen Gesundheitszustandes, die wesentlich davon beeinflusst wird, worauf jemand gerade seinen Fokus gerichtet hat. In angespannten Lebenssituationen, während der Betreuung kleiner Kinder oder besonderer beruflicher Herausforderungen neigen Menschen dazu, kleinere Beschwerden einfach zu übersehen beziehungsweise dank eines erhöhten Adrenalinspiegels auch leichter wegzustecken. Das hat gute und weniger gute Aspekte (Sie sehen, die Polarität wirkt bis in jedes Detail unseres Lebens hinein). Zu den guten gehören eine geringere Schmerzempfindlichkeit und weniger Besorgnis ob geringer Wehwehchen, zu den schlechten die bedauerliche Möglichkeit, dass auch schlimmere Erkrankungen ignoriert und möglicherweise zu spät erkannt werden, um sie mit geringem Aufwand ausheilen zu können.

Und dann gibt es da noch den „sekundären Krankheitsgewinn“, also gewisse Vorteile, die sich Menschen – meist unbewusst – mit Hilfe von Krankheiten organisieren. Immerhin können ja diese schmerzlichen Einschränkungen unseres Wohlbefindens auch dazu führen, dass sie mehr Zuwendung und Aufmerksamkeit oder eine Ruhepause zugebilligt bekommen. Mir sind in diesem Zusammenhang schon ziemlich krasse Fälle untergekommen, bei denen sogar eine Querschnittslähmung dazu benutzt wurde, um einen Ehepartner an sich zu binden, oder Multiple Sklerose, um nicht mehr an den unkündbaren, aber frustrierenden Arbeitsplatz zurückkehren zu müssen. Natürlich will ich niemandem unterstellen, eine Krankheit bewusst dafür einzusetzen, um andere Menschen zu manipulieren. Aber unbewusst geschieht genau das, wenn jemand für sich keine andere Möglichkeit sieht, um unerwünschten Situationen oder Lebensumständen zu entkommen. Betrachten Sie solch ein Verhalten nicht durch die moralische Brille, es findet meistens unbewusst gesteuert statt, und der Preis, den die Kranken für diese in ihren Augen einzig mögliche „Rettung" zahlen, ist sehr hoch.

Zu den harmlosen Varianten des Themas „Krankheitsgewinn" gehört die bekannte Strategie von Teenagern, sich mittels Bauchschmerzen die bevorstehende Mathematikschularbeit ersparen zu wollen. Manche Schüler sind sogar imstande, nach Belieben willentlich Fieber zu bekommen. Dieselben jungen Leute gesunden aber erstaunlich schnell, wenn es gilt, für die Party am selben Abend fit und munter zu sein.

Menschen sind verschieden, ihre Motivation und ihre Wertvorstellungen haben großen Einfluss darauf, mit welchen gesundheitlichen Einschränkungen sie noch gut zurechtkommen und ihr Leben sinnhaft und erfreulich gestalten können. Ein extremes Beispiel ist Stephen Hawking, der Astrophysiker, der seit fast 50 Jahren unter ALS leidet, verkrüppelt im Rollstuhl sitzt und nur noch über spezielle Computer kommunizieren kann – und der doch kraft seines Geistes nach wie vor Phänomene des Universums erforscht und darüber publiziert. Ihn habe ich einmal in einem Interview sagen gehört, dass diese schreckliche Krankheit, bei der immer mehr motorische Nerven degenerieren, ihm den Wert seines Lebens erst vollends bewusst gemacht und ihn zu den wissenschaftlichen Leistungen befähigt hat, für die er heute bekannt ist.

Und was ist dann eigentlich Gesundheit? Ich versuche mich einmal an einer eigenen Definition: **Gesund ist ein Mensch dann, wenn er sich körperlich, seelisch und geistig wohl fühlt und möglichst uneingeschränkt tun kann, was er tun möchte, um sein Leben sinnvoll zu verbringen und es zu genießen.** Sie merken schon, in dieser Beschreibung gibt es durchaus einen gewissen Spielraum für kleinere Beschwerden und Gebrechen, mit denen man leben lernen kann, ohne dass allzu große Abstriche beim Thema Lebensfreude gemacht werden müssen.

Gesundheit ist niemals eine stabile Befindlichkeit, sondern ein labiler Zustand, der uns einmal ein wenig in die eine Richtung, ein andermal in die andere kippen lässt. Üblicherweise fällt es uns kaum auf, dass wir demzufolge einmal etwas mehr Wasser trinken, ein anderes Mal eher Gusto auf saures Gemüse haben. Unser Körperbewusstsein lässt uns solche geringen Irritationen ganz natürlich ausgleichen. Je achtsamer wir mit unserem Körper umgehen, je eher wir eine Störung der Balance wahrnehmen, desto geringer ist der Aufwand, um die Harmonie im System wiederherzustellen. Es ist darum durchaus empfehlenswert, sich einen Tag Ruhe zu gönnen, wenn sich eine Grippe ankündigt, um so eine heftigere Influenza-Attacke zu verhindern. Bedauerlicherweise ist das in unseren üblichen Arbeitsverhältnissen oft schwer durchzuführen, da müssen wir leider das Vollbild der Erkrankung entwickeln, bis uns ein ärztliches Attest die notwendige Pause verschafft. Wenn wir allerdings harmlosere Symptome unterdrücken und die ersten Warnsignale ignorieren, also das Kippen aus der gesunden Balance für längere Zeit nicht beachten, wird unser Körpersystem veranlasst, eine deutlichere Sprache zu sprechen und unübersehbare Befindlichkeitsstörungen zu produzieren – der Heilungsprozess wird dadurch langwieriger und mühsamer.

Auch da geht es immer um das Wahrnehmen und Bedienen des Gegenpols, um Ruhe und Entspannung versus Aktivität und Anspannung, um Hilfe annehmen versus immer nur für andere da sein, um Schwäche eingestehen versus immer den unerschütterlichen Fels in der Brandung spielen, um sich zurückziehen versus dauernd in der Öffentlichkeit brillieren ... Die Balance in unserem Körpersystem hängt davon ab, wie gut wir jeweils den Spagat zwischen den beiden Polen schaffen.

Der Medizinjournalist Bert Ehgartner hat in seinem Buch „Lob der Krankheit: Warum es gesund ist, ab und zu krank zu sein" genau erläutert, dass ein gewisses Training unseres Immunsystems und kleine krankheitsbedingte Ruhepausen gut für uns und unsere Gesundheit sind. Hingegen bewirken die übertriebene Hygiene, der vor allem kleine Kinder ausgesetzt werden, und das Unterdrücken von relativ harmlosen Infekten, dass unser Immunsystem unterfordert ist und nicht lernt, sich an neue Herausforderungen anzupassen, und dass es daher beginnt, verrückt zu spielen und Autoimmunerkrankungen zu kreieren. Daher bekommen heute so viele allzu sehr auf Sauberkeit bedachte Menschen Allergien, allerhand Unverträglichkeiten, ja sogar eher Krebs als weniger engagierte Reinlichkeitsfanatiker.

Wir können also die simple Zuordnung gesund = positiv und krank = negativ vernünftigerweise nicht mehr aufrechterhalten. Wir brauchen beides im Leben. In meiner Jugend galt noch die damals gängige Meinung, dass die sogenannten Kinderkrankheiten wie Masern, Feuchtblattern oder Röteln auch zu bestimmten kindlichen Entwicklungsstufen gehören. Nach überstandener Erkrankung waren Kinder oft ein, zwei Zentimeter gewachsen und auch in ihrer Persönlichkeit gereift. Ich unterstelle, dass Krankheiten heute, abgesehen von den persönlichen Unannehmlichkeiten, als eine Störung im Wirtschaftsleben betrachtet werden, die es auszumerzen gilt. Aber da wir ja, wie gesagt, immer dem Gesetz der Polarität unterworfen bleiben, können wir vielleicht Masern „wegimpfen", handeln uns aber dafür ein paar andere Probleme ein. Jedes Jahr tauchen neue Krankheitsmuster auf und füllen unsere Nachrichtensendungen mit Horrormeldungen. Selbst wenn ich vieles davon für übertrieben, wenn nicht sogar für frei erfunden halte, steht fest, dass es im Leben auf diesem Planeten immer Krankheit geben muss, weil es ja sonst auch keine Gesundheit geben könnte. Die beiden Begriffe und Zustände bedingen einander, die Idee, einen davon abschaffen zu wollen, kann nur einem ignoranten, verbohrten Geist einfallen. Oder jemandem, der davon ein lukratives Geschäftsmodell ableitet.

So halte ich es auch für völlig absurd, Viren und Bakterien ausrotten zu wollen. Aus der Sicht von Schamanen haben alle Lebewesen das gleiche Recht, zu überleben und sich gegen jede Bedrohung zu wehren. Viel sinnvoller ist es daher, das eigene System zu stärken, es in Balance zu halten, sodass eine Invasion von Einzellern nicht mehr zur Lebensgefahr mutieren kann, sondern sich eine Koexistenz ohne merkliche Nachteile für alle Betroffenen entwickelt.

Dass dieses Konzept, alle fremden und als bedrohlich empfundenen Wesen ein für alle Mal zu eliminieren, zum Scheitern verurteilt ist, hat sich ja längst herausgestellt. Im Sinne der Polarität ist es natürlich niemals gelungen, 100% der schädlichen Erreger zu erwischen und zu beseitigen. Was zur Folge hatte, dass die übriggebliebenen, schlauen Kerlchen einerseits ein freies Feld zur hemmungslosen Vermehrung vorfanden und sich andererseits mittels Mutation und Resistenz gegen weitere Angriffe zur Wehr zu setzen lernten. Das Ergebnis finden wir in jeder Klinik: multiresistente Erreger, gegen die keines der bekannten Medikamente mehr hilft.

Im Großen wie im Kleinen gilt, es geht immer um das Leben im Gleichgewicht, um friedliches Zusammenleben zum Besten von allen. Niemand von uns kann wissen, wie viele Krankheitserreger er oder sie im Körper mit sich herumträgt, solange nicht speziell danach gesucht wird oder eine bestimmte Sorte dieser Mitbewohner die Oberhand gewinnt und die gesunde Balance ins Wanken bringt. Wir sind in Wahrheit auf die Symbiose mit unzähligen Kleinstlebewesen angewiesen, wir könnten weder verdauen noch Verletzungen ausheilen ohne sie. Bakterien halten unsere Haut und die Schleimhäute gesund, indem sie sie besiedeln, unsere Ausscheidungen verspeisen und anderen, mit uns weniger kompatiblen Wesen den Zutritt verwehren. Solange wir bereit sind, in allen Bereichen Tribut an den jeweiligen Gegenpol zu leisten, haben wir es mit hoher Wahrscheinlichkeit gut und bleiben gesund.

Im Zentrum von Wien waren vor einigen Jahren zahlreiche Kastanienbäume von Miniermotten bedroht. Wissenschaftler der Universität für Bodenkultur hatten allerdings herausgefunden, dass Schädlingsbekämpfungsmittel, die stark genug waren, um die Miniermotten zu vernichten, auch die Bäume umgebracht hätten. So kam man auf die wunderbare Idee, die Bäume mittels Bachblüten zu stärken, sodass ihnen die kleinen Schmarotzer nichts mehr anhaben konnten. Wie man in vielen Wiener Straßen sehen kann, hat das Experiment funktioniert.

Ich glaube, das ist ein gutes Beispiel für den sinnvollen Umgang mit der Polarität im Alltag. Durch das Anerkennen der Ansprüche anderer Lebewesen lassen sich kreative, ungewöhnliche Lösungen finden. Die Bäume haben dadurch nur noch so viel zum Lebensunterhalt der Motten beigetragen, wie sie ohne Verlust an eigener Lebenskraft hergeben konnten. Alles immer nur eine Frage der Balance!

Ich bin unvollkommen – na und?!

Vor etlichen Jahren hielt ich einmal einen öffentlichen Vortrag über schamanische Weltbilder, im Speziellen über das der Kahuna. Im Saal waren über hundert Leute, ganz gemischt in Bezug auf Alter, soziale Zugehörigkeit und einschlägige Vorinformationen. Während der Gibt-es-dazu-Fragen-Phase meldete sich eine junge Frau zu Wort: „Sie tragen Kontaktlinsen!“ – „Ja“, war meine Antwort, „das weiß ich bereits. Und?“ Sie darauf: „Sie sehen schlecht!“ Auch das war mir natürlich nicht neu. Ich vermutete – offenbar zu Recht, wie sich herausstellte –, dass die Zuhörerin mich mit dem Anspruch konfrontieren wollte, dass ich auf Grund meiner schamanischen Ausbildung natürlich keinerlei Probleme mehr haben dürfte, wenn diese wirklich etwas taugte und ich über die entsprechenden Fähigkeiten verfügte. Da ich die Wiederholung dieser aggressiv vorgetragenen Aussagen im Weiteren tunlichst ignorierte, lief sie mir dann am Ende der Veranstaltung nach mit der insistierenden Frage: „Warum tun Sie nichts dagegen?“ Nun war es an der Zeit, einiges klarzustellen: „Weil ich unvollkommen bin und mit dieser Unvollkommenheit ganz leicht leben kann!“

Unvollkommenheiten jeder Art, schwindende Jugendlichkeit, „Schönheitsfehler“, ein bisschen zu viel Leibesfülle, fehlende Sprachbegabung oder der Mangel an Geschicklichkeit in praktischen Dingen und vieles mehr werden heute oft als etwas betrachtet, was es eigentlich nicht geben dürfte und wogegen entschieden vorgegangen werden muss. Schon Babys und Kleinkinder müssen Normen erfüllen, mit zwei Jahren mindestens 92 cm groß sein, mit einem Jahr gehen und ein halbes Jahr darauf schon sprechen können. Mütter stehen im Wettbewerb miteinander und sind sofort kreuzunglücklich und zutiefst besorgt, wenn ihr Sprössling in irgendeinem Punkt nicht der Norm entspricht. Und in diesem Stil geht es dann auch im Kindergarten weiter. Richtig schlimm kann es aber dann in der Schule werden.

Natürlich bin ich dafür, dass alle Kinder die notwendigen Kulturtechniken erlernen, die sie zu einem erfolgreichen weiteren Lebensweg befähigen. Aber was heißt das, und vor allem: Wie kommen die lieben Kleinen denn dazu? Wenn der Gehirnforscher Gerald Hüther recht hat, kommen 98% aller Kinder hochbegabt zur Welt, allerdings gehören für ihn auch Begabungen dazu, die im üblichen Schulbetrieb nur geringen Stellenwert haben, wie Einfühlungsvermögen, Sensibilität, Kreativität, Mitgefühl, Ausdrucksfähigkeit, soziale Kompetenz, Konfliktfähigkeit, Zuhören können, musische Talente und so weiter … Eben all jene Persönlichkeitsfacetten, die nicht zuvörderst für eine berufliche Karriere, sondern vor allem für das Zusammenleben in einer Gemeinschaft gebraucht werden. Nachdem diese hochbegabten Kinder im normalen Schulsystem – leider immer noch sehr häufig – zurechtgestutzt, entmutigt und demotiviert worden sind, könne man nach Absolvierung des institutionalisierten Unterrichts nur noch 2% von ihnen als hochbegabt betrachten. Was für ein Verlust für uns alle!

Was ich damit sagen will, ist Folgendes: Alle Menschen verfügen in dem einen oder anderen Bereich über außerordentliche Anlagen, sind aber in anderen Belangen möglicherweise weniger gut befähigt, haben da und dort vielleicht sogar Schwierigkeiten. Das kann nun in einem konventionellen Unterrichtssystem zu unterschiedlichen Konsequenzen führen:

1. An manche Kinder wird der Anspruch gestellt, in den Schulfächern, in denen sie keine so guten Leistungen bringen, mehr zu üben, damit sie wirklich „gute“ Schüler werden. Das bedeutet, es werden nicht die „Stärken gestärkt“, wie das im Coaching-Jargon genannt wird, sondern es werden die guten Ergebnisse, die ihnen leicht fallen, für selbstverständlich genommen, und nur die hoch bewertet, die sie viel Mühe kosten. Dieses Thema hat auch mich durch meine Schulzeit begleitet und in mir glücklicherweise damals schon heftigen Widerstand gegen diese pädagogische Haltung ausgelöst. Ich konnte nie einsehen, warum ich mich für gute Noten in Latein und Griechisch strapazieren sollte, wenn es doch ohne viel Aufwand immer für einen sicheren Vierer gereicht hat und die Beschäftigung mit Mathematik, Literatur oder bildnerischen Arbeiten so viel lustvoller war.
2. Manche Kinder verfügen über Fähigkeiten, die sich nicht direkt in Schulfächern abbilden lassen, aber für die Atmosphäre in einer Schulklasse Gold wert sind: Sie sind Mutmacher, Tröster, Zuhörer, Friedensstifter, einfach gute Freunde. Diesen Schülern und Schülerinnen kann es passieren, dass sie zwar in der Gruppe und wahrscheinlich auch bei Lehrpersonen sehr beliebt sind, dass ihnen deswegen über Strecken mit Schummeln geholfen und manche schlechtere Leistung nachgesehen wird, dass sie aber trotzdem früher oder später die Klasse verlassen müssen, weil sie einfach zu viele negative Beurteilungen in ihren Angstfächern eingesammelt haben.
3. Dann gibt es noch die Träumer, Kinder mit übersprudelnder Phantasie, mit tausend Ideen, was im Moment alles spannender als der Unterrichtsstoff sein könnte. Kinder, denen sich bisher nicht erschlossen hat, wozu das alles nützlich sein soll, was ihnen da vorgetragen wird. Junge Menschen, die vielleicht wirklich gut rechnen

könnten, wenn sie irgendeine Motivation hätten, sich damit zu beschäftigen.

4. Und es gibt Einzelgänger, für die das Interagieren mit 30 Gleichaltrigen eine so große Herausforderung darstellt, dass sie gar nicht mitkriegen, was eigentlich gerade Gegenstand des Unterrichts ist.
5. Ganz abgesehen davon, dass es unterschiedliche Lerntypen gibt, die sich mit Stillsitzen und dem noch immer verbreiteten Frontalunterricht schwer tun. Und dann gibt es noch die Schnellen und die Langsamen, die Morgen- und die Abendmenschen, und und und ...

Sie alle wachsen auf mit der Überzeugung, dass sie unvollkommen und daher nicht in Ordnung sind. Sie sollten besser, schneller, engagierter, begabter, eloquenter und fleißiger sein, damit Eltern und Lehrer endlich mit ihnen zufrieden sein können. Dabei ist es doch entsprechend dem Gesetz der Polarität unentrinnbar Teil unserer Natur, gleichzeitig unvollkommen, aber als wunderbar göttliche Wesen gerade in diesem Sosein vollkommen zu sein. Ist das verständlich?

Das unerlöste Thema Unvollkommenheit zieht sich natürlich durch alle Altersgruppen und Bevölkerungsschichten. In jedem Umfeld können wir etwas finden, worin wir den anerkannten Normen nicht entsprechen, auch noch ohne beruflichen Zusammenhang, über den ich mit Ihnen gerne etwas später reflektieren möchte.

Für Jugendliche und junge Erwachsene gehört es zum Entwicklungsprogramm, alles genau unter die Lupe zu nehmen und in Frage zu stellen, auch sich selbst. Und natürlich suchen sie sich Vorbilder, denen sie nacheifern, mit denen verglichen sie sich aber oft genug auch reichlich unvollkommen vorkommen. Idealerweise haben sie ein liebevolles, sie stärkendes Umfeld, das ihnen klar macht, dass sie sich auf einem guten Weg befinden, aber schon noch eine gewisse Strecke bis zum Erwachsensein zurückzulegen haben. Als Zwischenstation ist der pubertäre Status durchaus in Ordnung und anzuerkennen.

Da in unserem Kulturkreis leider keine Initiationsrituale mehr durchgeführt werden, denen eine echte Prüfung, zum Beispiel die Konfrontation mit Ängsten und das Beherrschen von Überlebenstechniken unter ausgesetzten Bedingungen, vorangeht, ist es für unseren Nachwuchs schwierig zu erkennen, wann die Kindheit ein für alle Mal beendet ist und das Leben als voll anerkannte Mitglieder der Gemeinschaft mit allen Rechten und Pflichten beginnt. Dadurch bleiben junge Leute lange Jahre in einem Schwebezustand zwischen Nicht-mehr … und Noch-nicht … und wissen nicht genau, wo sie hingehören. Auch die Erwachsenen in ihrer Umgebung bestätigen diese Unklarheit, indem sie einmal sagen: „Das verstehst du noch nicht“ oder „Das steht dir noch nicht zu“, sie behandeln die Jugendlichen also wie Kinder. Das nächste Mal stellen sie aber hohe Erwartungen und meinen: „Das solltest du doch schon wissen und können“, sie messen die Teenager am Maßstab für Erwachsene. Das ist ein Musterbeispiel für den destruktiven Umgang mit Polaritäten.

Meiner Erfahrung nach haben solche Initiationsrituale für alle Beteiligten den Vorteil, dass sie die Position eines jungen Menschen in der Gemeinschaft klären. Solange ein Jugendlicher erlebt, dass er je nach Situation willkürlich herumgeschoben werden kann, kann er schwerlich Selbstbewusstsein und Selbstwertgefühl aufbauen. Schließlich macht er die Erfahrung, dass er einmal aus dieser, ein anderes Mal aus jener Perspektive betrachtet die an ihn gestellten Erwartungen nicht erfüllt, er ist nie gut genug, also unvollkommen.

Erwachsene haben es in einer kritiksüchtigen Gesellschaft keineswegs leichter. Beobachten Sie einmal einige Tage lang, wie oft Sie in Ihrer Umgebung negative Äußerungen über andere Leute, die Regierung, das Finanzamt, die Banken, das Fernsehprogramm und das Wetter hören. Parallel dazu machen Sie sich bewusst, wie oft Sie freundliche, wertschätzende, anerkennende Bemerkungen zu denselben Themen wahrnehmen. Und dann stellen Sie diese Beobachtungen nur einmal quantitativ gegenüber! Und? Fällt Ihnen etwas dabei auf? Die nächste und bei weitem anspruchsvollere Stufe wäre dann, sich selbst, seine eigenen Gedanken, Worte und Taten einer genaueren Betrachtung zu unterziehen.

Wir haben gelernt, ständig unzufrieden zu sein und an allem und jedem herumzukritisieren – und viele glauben zudem noch, es sei ein Zeichen für ihren messerscharfen Intellekt, dass sie auch noch beim Allerbesten und -schönsten einen minimalen Mangel feststellen können. Wir haben Glaubenssätze übernommen, die uns weismachen, dass jemand, der mit dem Ist-Zustand zufrieden ist, sich nicht weiterentwickeln könne. Dabei werden allerdings zwei Themen miteinander vermischt, die wahrscheinlich besser getrennt zu betrachten sind: die Situation im Hier und Jetzt und das angestrebte Ziel.

Der Ist-Zustand ist das Resultat aller inneren Befindlichkeiten, Gefühle, Gedankenmuster, Bewertungen, äußeren Einflüsse (sofern sie für uns wichtig sind), Erwartungen, Vorstellungen und bisheri-

gen Verhaltensweisen. Er ist, was er ist, und es ist völlig sinnlos, ihn negativ zu bewerten oder gar abzulehnen. Davon wird nämlich gar nichts anders. Ganz im Gegenteil, die momentane Situation ist unsere Ausgangsbasis, von der aus wir unsere Reise zu einem definierten (Entwicklungs-)Ziel antreten.

Den Begriff der „Reise“ habe ich in diesem Zusammenhang bewusst gewählt, wir können nämlich jede Bewegung in Richtung zum definierten Ziel als eine solche betrachten, gleichgültig, ob es sich dabei um eine berufliche Karriere, um Persönlichkeitsbildung, Gesundung, Veränderung von überholten Gewohnheiten und Denkmustern oder eine liebevoll gestaltete Beziehung handelt. Zu all diesen unterschiedlichen Lebensfeldern lässt sich der Status quo als Anfangspunkt und die angestrebte Situation als Endpunkt eines Weges betrachten. Eines Weges, der sich aus Anfangs- und Endpunkt ergibt, auch wenn es dazwischen noch eine unendliche Fülle an Varianten gibt, wie sich die Distanz bewältigen lässt. Als simples Bild zum Vergleich stellen Sie sich Folgendes vor: Sie gehen in ein Reisebüro und nennen den freundlichen Helferlein dort Ihr Reiseziel. Genügt das schon, um ein gültiges Ticket ausgestellt zu bekommen (vom Bezahlen reden wir jetzt nicht)? Nein, natürlich müssen Sie auch noch angeben, von wo Sie aufbrechen und mit welchem Verkehrsmittel Sie unterwegs sein wollen. Das heißt, Sie müssen den Startpunkt definieren und auch noch das Tempo, mit dem Sie Ihr Ziel ansteuern wollen. So lange nicht klar ist, ob Sie einen Zug, ein Flugzeug, das eigene oder gemietete Auto, ein Fahrrad oder Schusters Rappen beanspruchen möchten, kann Sie niemand bei der genauen Planung und Durchführung Ihrer Reise unterstützen.

Genau so verhält es sich mit Ihren unterschiedlichen Lebensreisen: Wenn Sie beschlossen haben, eine gemächliche, aber tiefschürfende Tour zur Wurzel eines Ihrer Lebensmuster zu machen, ist der Düsenjet (zum Beispiel eine Kurzzeit- oder eine Verhaltenstherapie) wohl nicht das passende Vehikel. Sollten Sie also mit sich selbst übereingekommen sein, besser mit der Eisenbahn (eine Methode mit mehreren Stationen oder Stufen) unterwegs zu sein, müssen Sie auch bereit sein, nicht nur Ihren derzeitigen Aufenthaltsort bekannt zu geben, sondern im Speziellen auch den geeigneten Bahnhof aufzusuchen.

Erinnern Sie sich an die Geschichte von Walter Russell? Er hat gesagt: „Wir müssen die Wunschkraft senden (also uns ein anzustrebendes Ziel genau ausmalen) und bereit sein, das Notwendige zu tun." Und genau mit Letzterem hapert es doch da und dort. Menschen neigen dazu, sich oft in allerhand Wunschvorstellungen zu verlieren, aber sie verhindern gleichzeitig die Erfüllung derselben dadurch, dass sie gar nichts oder zumindest nicht genug dafür tun. Da wir alle aber in allen Lebenslagen an das Gesetz der Polarität gebunden sind, hängt das eine mit dem anderen untrennbar zusammen. Ebenso wie Sie ja auch im Reisebüro Ihr Ticket erst ausgehändigt bekommen, wenn Sie es bezahlt haben.

Worin kann nun der Preis bestehen? Dazu fallen mir eine Reihe von Aspekten ein, die berücksichtigt sein wollen: Es beginnt bei vielen Menschen schon damit, dass sie sich bisher nicht die Mühe gemacht haben, ihren Ist-Zustand ehrlich zu analysieren und sich auch genaue Vorstellungen vom Soll-Zustand zu machen. Oft arbeite ich mit Menschen, die zwar eine dubiose Sehnsucht in sich tragen, aber mir in keiner Weise beschreiben können, wo sie denn eigentlich hin wollen. Sie können mir ohne weiteres eine Stunde lang schildern, was ihnen an ihrem jetzigen Sein missfällt, aber keine fünf Minuten lang erklären, was sie wirklich erreichen wollen. In so einem Fall kann ich die Betreffenden nur darauf aufmerksam machen, dass sie noch einige Hausaufgaben zu erledigen haben, bevor ich ihnen wirklich helfen kann. Weil doch jeder nur für sich selbst und in eigener Verantwortung herausfinden kann, für welche Ziele er sich einsetzen möchte, ebenso wie jeder auch nur selbst definieren kann, wo er gerade steht.

Bei dieser Bestandsaufnahme geht es nicht darum, sich dafür zu geißeln, dass man noch nicht „besser" oder „weiter" ist, sondern möglichst ohne Bewertung festzustellen, was im Hier und Jetzt „ist". Was haben wir bisher schon gelernt und was noch nicht, welche Projekte sind gelungen und welche nicht, wofür kann man sich selbst ehrlich anerkennen und wo gibt's noch Baustellen, welche Strategien haben sich bisher bewährt und welche nicht, und so weiter …

Wenn Sie, liebe Leserinnen und Leser, die Absicht haben sollten, diesen Fragen nachzuspüren, vergessen Sie bitte nicht, Ihre momentane Situation mit Wertschätzung und Dankbarkeit zu betrachten und auch sich selbst freundlich zu vergeben, dass bisher vielleicht nicht immer alles nach Plan gelaufen ist. Jeder Mensch macht in jedem Augenblick alles so gut, wie es eben seinem gerade vorhandenen Verständnis und Bewusstseinsstand entspricht. Dass rückblickend manches dann ein bisschen anders aussieht, können wir der Tatsache zugute halten, dass wir inzwischen ein wenig klüger geworden sind. Und das ist gut so!

Der Ist-Zustand, die innere und äußere Situation im Hier und Jetzt, ist also zu akzeptieren, weil er unser Abflug-Gate oder unseren Abreise-Bahnsteig darstellt. Wenn wir diesen ablehnen oder nicht wahrhaben wollen, können wir nicht starten.

Als Nächstes müssen wir uns damit beschäftigen, welches Ziel sich wirklich zu verfolgen lohnt, wie wir uns fühlen wollen, wenn wir am richtigen Ort angekommen sein werden. Erst wenn wir das geklärt haben, wenn wir eventuell auch bemerkt haben, dass sich manche, von anderen suggerierte Ziele gar nicht erstrebenswert anfühlen, können wir für uns eine Vorstellung gestalten, auf deren Manifestation wir gerne und zügig zusteuern möchten.

Da haben wir es schon wieder mit dem Thema Polarität zu tun, was in diesem Zusammenhang bedeutet, dass wir mit hoher Wahrscheinlichkeit niemals 100% von dem bekommen, was uns als Ideal vorschwebt. Das ist aber kein Unglück! Wohlgemerkt: Der Aufwand, um von 0 zu 95% „Vollkommenheit" zu gelangen, ist gleich groß wie der, um von 95 zu 100% zu kommen. Soll heißen, jetzt ist der Zeitpunkt gekommen sich zu überlegen, auf welche 5% Sie gut verzichten können, ohne dass Ihre Lebensqualität merkbar darunter leidet. Welches Projekt können Sie durchaus auch abgeben? Welche Stufe der Karriereleiter kostet schon zu viel an Lebenskraft? Welche Ausbildung darf auch unabgeschlossen bleiben, weil der Rest für den beruflichen Weg nicht mehr relevant ist? Welche körperlichen Einschränkungen sind im Grunde leicht zu kompensieren? Und welche kleinen Schwächen darf man ruhig behalten, weil sie ja niemandem schaden?
Kurz – mit welchen Unvollkommenheiten lässt sich durchaus gut leben?

Und wenn dann alle diese Fragen beantwortet und alle Definitionen erstellt sind, ergibt sich daraus so etwas wie ein Lebensweg, auf dem wir uns in unterschiedlichen Phasen unterschiedlich intensiv mit den einzelnen Themen befassen können und müssen. Das Tempo bestimmen wir selbst, je nachdem, wofür wir uns entschieden haben. Ob langsam oder schnell – das eine wie das andere hat in dieser polaren Welt Vor- und Nachteile.

Es sollte Ihnen tunlichst nicht so ergehen, wie es ein bekanntes Zitat des Schauspielers Danny Kaye auf den Punkt bringt: „Manche Menschen geben Geld aus, das sie nicht haben, für Dinge, die sie nicht brauchen, um Leuten zu imponieren, die sie nicht mögen."

Zwischendurch können Sie Ihren Standort immer wieder neu bestimmen und überprüfen, ob die einmal bestimmten Ziele immer noch wichtig sind, ob die Richtung der Lebensreise generell immer noch stimmt und Sie sich nach wie vor damit wohl fühlen. Wenn Sie grundsätzlich damit leben gelernt haben, dass wir alle in der einen oder anderen Hinsicht unvollkommen sind und bleiben, werden Sie bestimmt leichter damit zurechtkommen, dass Sie nicht ewig jung sein werden, jemand etwas besser kann als Sie oder andere über größere finanzielle Möglichkeiten verfügen. Dann wissen Sie einerseits genau, dass auch die anscheinend vom Glück Bevorzugten dem Polaritätsgesetz unterworfen sind und auch da und dort Abstriche machen müssen, und andererseits können Sie sich darüber freuen, dass Sie selbst in Ihrer wunderbar unvollkommenen, ganz persönlichen Mischung sowie einzigartig und perfekt sind.

Wenn Sie zudem gelernt haben, Ihr Spiegelbild mit Zärtlichkeit zu betrachten und Ihre Stärken und Schwächen mit Humor anzunehmen, können Sie Ihre weniger perfekten Aspekte ganz einfach als Entwicklungsbereiche definieren, die zu erkunden durchaus spannend und lustvoll sein kann.

Wichtig ist auf jeden Fall, sich nicht mit anderen zu vergleichen. „Vergleichen macht unglücklich“, sagte mein peruanischer Lehrer Don Eduardo. Schließlich können wir ja zu jeder Facette unserer Persönlichkeit, zu jeder Fähigkeit oder Fertigkeit jemanden finden, der besser, jünger, schöner, schlanker, schneller, gebildeter oder begabter ist. Aber als diejenigen, die wir sind, in der Position, wo wir gerade stehen, und auf unsere ganz eigene, unverwechselbare Art sind wir, ist jeder von uns Weltmeister! Wer könnte denn Ihre besondere Rolle auf diesem Planeten besser verkörpern als Sie selbst, liebe Leserin, lieber Leser?!

Fehler machen erlaubt

Wie gesagt, wir haben offensichtlich ein seltsames Verhältnis zum Fehlermachen. Und auch unsere üblichen Strategien, um Fehler zu vermeiden, sind es durchaus wert, einmal gründlich untersucht zu werden. Was ist denn eigentlich ein Fehler? Ich behaupte, Fehler sind Hinweise darauf, wo wir noch Entwicklungspotentiale haben. Fehler passieren prinzipiell aus zweierlei Gründen: Erstens, weil jemand etwas eben noch nicht gut genug gelernt hat, noch nicht kundig oder versiert genug ist, oder zweitens, weil jemand trotz ausreichender Kenntnisse desinteressiert, nachlässig, unkonzentriert oder überfordert ist. Und daraus lassen sich schon die entsprechenden Bereiche ablesen, in denen eine Weiterentwicklung möglich oder sogar erwünscht und notwendig ist.

Im zweiten Fall liegt das Entwicklungspotential offensichtlich mehr in der Persönlichkeitsentwicklung, also darin, Verantwortung zu übernehmen, Frustrationstoleranz und Konzentrationsfähigkeit zu entwickeln oder seine eigenen Kapazitäten realistisch einzuschätzen und Grenzen zu ziehen. Frank Farrelly, der Vater der Provokativen Therapie, benannte drei Hindernisse auf dem Weg zu einer ausgereiften, stabilen, erwachsenen Persönlichkeit: Feigheit, Faulheit und Eitelkeit. Das heißt, wenn jemand bereit ist, seinen Fehler zu erkennen und dazu zu stehen, wenn er weiter auch willens ist, die Ursache in sich selbst zu suchen und keinerlei Ausreden zu benützen, sollte es auch möglich sein, daraus konstruktive Schlüsse zu ziehen und die Fehlerquelle in der eigenen Psychostruktur zu beseitigen. Leider haben wir alle schon erlebt, dass Menschen einen Fehler zu vertu-

schen suchen oder ihn einem Kollegen unterjubeln möchten. In diesen Fällen wird das entsprechende Entwicklungspotential anscheinend weder herausgefunden noch genutzt.

Als es den Eisernen Vorhang noch gab, war ich mehrmals zu Dreharbeiten in osteuropäischen Ländern. Immer wieder machten wir dort die Erfahrung, dass ortsansässige Mitarbeiter unter allen Umständen und mit den wildesten Verrenkungen versuchten, auch noch die kleinsten Fehlleistungen zu verbergen und sich ja nicht erwischen zu lassen. Das führte oft zu heftigen Kollisionen innerhalb des Filmteams, weil der Fehler ja durch das Vertuschungsmanöver nicht behoben war. Wenn er dann etwas später doch sichtbar wurde, war der Schaden in der Regel um ein Vielfaches größer, als wenn er gleich eingestanden worden wäre. Für uns, die wir in der Crew gelernt hatten, jeden Fehler sofort zu melden, damit er mit dem geringstmöglichen Aufwand ausgeglichen werden konnte, war dieses Verhalten der Kollegen aus dem Osten absolut inakzeptabel, es war zum Verrücktwerden. Heute ist mir klar, dass es offenbar unter kommunistischer Herrschaft so gefährlich war, bei einer Fehlleistung oder Insubordination (Gehorsamsverweigerung) erwischt zu werden, dass die Menschen gelernt hatten, nur noch Befehle auszuführen, ohne darüber nachzudenken, und quasi reflexartig jeden noch so kleinen Fehler von sich zu weisen.

Vermutlich braucht es kein autoritäres politisches Regime, um eine untaugliche Fehlerkultur zu entwickeln. Sonst wäre es wohl nicht so verbreitet, Missgeschicke zu verheimlichen, Ausreden zu verwenden oder – noch schlimmer – das Versehen anderen in die Schuhe zu schieben. Die Basis dafür liegt wohl in frühkindlichen Erfahrungen. Wenn ein Kind erlebt, dass es auch für unabsichtliche Fehler oder für Ungeschicklichkeiten bestraft wird, lernt es schnell, sich diesen Konsequenzen für alle Zukunft zu entziehen. Damit meine ich nicht, dass alles toleriert werden soll, was sich so ein junger Mensch ausdenkt oder was er verursacht. Nein, aber er sollte die Möglichkeit zu Einsicht, Entschuldigung und Wiedergutmachung erhalten.

In Hawai'i habe ich ein schönes Beispiel für den konstruktiven Umgang mit Fehlverhalten erlebt. Hawaiianer sind davon überzeugt, dass Ehrlichkeit eine unerlässliche Voraussetzung für Liebe ist. Daher bringen sie ihren Kindern bei, Fehler zuzugeben und sich um einen Ausgleich zu kümmern.

Die Hula-Meisterin Roselle Bailey war gerade mit ihrem Auto vom Einkaufen gekommen und wollte in ihre Einfahrt einbiegen. Direkt davor stand ein vierjähriges Nachbarskind, das die Straße nicht freigeben wollte und ihr den Stinkefinger zeigte. Roselle stieg zornig aus, der Knabe rannte weg. Also ließ sie die beiden kleinen Mädchen, die die Szene beobachtet hatten, wissen, dass sie etwas später die Eltern des Kleinen aufsuchen werde. Kaum eine Stunde später stand der Vierjährige mit Vater und Großvater vor Roselles Türe, um sie um Verzeihung zu bitten. Und er bot an, für Roselle zu tun, was sie von ihm verlange. Sie einigten sich auf eine Stunde Gartenarbeit am nächsten Morgen.

Am darauffolgenden Tag stand der Knabe pünktlich im Garten, er hatte sogar eine nagelneue Schaufel und einen ebenso neuen Rechen bei sich. Von Gartenarbeit hatte er sichtlich keine Ahnung, aber Roselle zeigte ihm freundlich und geduldig, wie das Laub auf dem Rasen zusammenzurechen sei. Dann brachte sie es mit ihm gemeinsam zu ihrem Kompostbehälter und erklärte ihm, was in diesem vor sich gehe. Sie musste ihn hochheben, damit er hineinsehen konnte. Das Kind war begeistert: „Cool!" Nach getaner Arbeit bedankte sich Roselle und herzte den Kleinen, alles war wieder gut.

Das Ergebnis war ein mehrschichtiges, wie Sie sich leicht vorstellen können. Nicht nur die Lektion, dass Fehler ausgeglichen und die zwischenmenschliche Harmonie wieder hergestellt werden können, war wertvoll für dieses Kind. Es hatte auch seine Kenntnisse über den liebevollen Umgang mit der Natur deutlich erweitert und gelernt, dass seine Arbeit geschätzt wird. Und weil das alles so beglückend war, stand der kleine Mann in der Folge jeden Morgen in Roselles Garten und wollte mithelfen. Zudem gab er sein neu erworbenes Wissen in seiner eigenen Familie weiter und bestand darauf, im eigenen Areal auch eine Kompostecke einzurichten.

Fehler und Unachtsamkeiten passieren einfach, das ist so im menschlichen Leben. Allerdings ist es wichtig, dass sie nicht aufgebauscht oder zum Anlass genommen werden, um jemanden abschätzig zu behandeln. Jugendliche sind da besonders streng, aber auch besonders empfindlich, sie lassen niemandem Fehlleistungen durchgehen und wollen auch selbst nicht dabei erwischt werden. Zu groß ist die Gefahr, dumm dazustehen und sich zum Gespött zu machen. Je mehr sie aber schon von klein auf erfahren haben, dass sie geliebt und geachtet werden und ein Fehler daran im Grunde nichts ändert, umso unkomplizierter können sie anderen und auch sich selbst Misslungenes vergeben. **Damit will ich sagen, es ist immer wichtig, Person und**

Verhalten zu trennen. Solange es keinen Zweifel daran gibt, dass eine Person in aller Unvollkommenheit geliebt und geschätzt wird, so wie sie ist, verträgt sie es auch, dass ihre schulischen oder beruflichen Leistungen als nicht zufriedenstellend beurteilt werden. Der springende Punkt besteht darin, der kritisierten Person glaubwürdig zu vermitteln, dass ihr durchaus bessere Ergebnisse zugetraut werden und eine schiefgegangene Arbeit niemals zur endgültigen Verurteilung führt.

Einen Aspekt will ich noch erwähnen: Kinder ahmen ihre Bezugspersonen nach. Wenn sie also mitbekommen, dass Eltern ihre Vorgesetzten oder lästige Verwandte belügen, dass sie selbst keine Fehler eingestehen, Versprechen nicht einhalten und sich nicht entschuldigen können, färbt dieses Verhalten auf die nächste Generation ab. Kinder achten viel mehr darauf, was ihnen vorgelebt wird, als was ihnen tagtäglich als leere Worthülse präsentiert wird. Sie durchschauen sofort, ob ein sogenanntes Vorbild authentisch agiert oder nicht. Wenn also Sie selbst als Elternteil, Lehrerin oder Chef erreichen wollen, dass sich die Fehlerquote bei Ihren Schützlingen und Mitarbeitern verringert, überprüfen Sie zuallererst, wie es um Ihre eigene Fehlerkultur bestellt ist. Können Sie sich selbst verzeihen, dass Sie etwas falsch gemacht, sich geirrt haben? Können Sie sich selbst anerkennen, obwohl Sie immer wieder mit Ihrer eigenen Unvollkommenheit konfrontiert werden? Außenwelt spiegelt Innenwelt, sagen Schamanen. Alles beginnt im Bewusstsein und manifestiert sich dann erst in der materiellen Welt. Das gilt für die konstruktiven Denkmuster genauso wie für die destruktiven. Wenn Sie daher in der alltäglichen Wirklichkeit Erfahrungen machen, die Ihnen nicht gefallen, überlegen Sie sich, welche Bereiche Ihres Selbst der Heilung und Harmonie bedürfen. Sie werden sehen, jede Korrektur im Inneren zeigt sich umgehend in der Außenwelt.

Mit den Fehlern aufgrund mangelhafter Kenntnisse verhält sich manches anders: Wenn jemand etwas gut beherrschen will, sei es etwas Handwerkliches, eine Fremdsprache oder digitale Medien, muss er bereit sein zu investieren, was der eigenen Überzeugung gemäß dazu notwendig ist. Und das kann sehr unterschiedlich sein. Für den einen bedeutet das, sich mehr theoretisches Wissen anzueignen, für den anderen, genügend Praxis zu erwerben, um Aufgaben sicher lösen zu können.

Allerdings können auch hierbei psychische Beweggründe als Hindernisse auftreten: Die Angst davor, zu versagen oder als unfähig bloßgestellt zu werden, kann lustvolles und leichtes Lernen konterkarieren. In den 15 Jahren, in denen ich Mathematiknachhilfe gegeben habe, ist mir klar geworden, dass ich es niemals mit unfähigen Schülern zu tun hatte, deren Begabung einfach nicht ausreichend war. Immer ging es zuerst darum, die Angst vor dem nächsten Fünfer aufzulösen, dann erst konnten die Wissenslücken aufgefüllt werden, die oft schon mehrere Jahre zurückreichten. Als mein bestes Werkzeug hat sich immer wieder meine persönliche Begeisterung für mein Lieblingsfach erwiesen. Sie war ansteckend. Wenn es mir gelungen ist, meinen Schülern die Schönheit von mathematischen Formeln und Berechnungsarten zu erschließen und sie dafür zu erwärmen, selbst elegante Lösungswege zu finden, war alles andere ein Kinderspiel. Angst hatte diese jungen Leute „eng“ gemacht, hatte den Zugang zu ihrem wachen Intellekt verschlossen, das war alles. Die moderne Gehirn- und Lernforschung bestätigt, dass es die Begeisterung ist, die erfolgreich macht. Unser

Gehirn merkt sich am leichtesten Inhalte, die mit einer angenehmen Emotion verknüpft sind.

Ein weiteres Dilemma kann sich ergeben, wenn die Vorstellung vom Lernen mit so unattraktiven Bildern vom Weg zum angestrebten Ziel verbunden ist, dass die Demotivierung stärker ist als der Wunsch, sich neue Kenntnisse anzueignen. Mein Sohn hat das in einem einzigen Satz zusammengefasst, als er mit fünf Jahren Schifahren lernen wollte. Er hatte beobachtet, wie leicht und vergnügt erfahrene Schiläufer die Hänge hinunterschwangen, und daraus geschlossen, dass er sich nur auf seine Schier stellen müsse, um das nachzumachen. Die Realität war eine andere: Beim ersten Versuch, eine Kurve zu fahren, lag er im Schnee und tobte. Ich wollte ihn beruhigen mit dem (aus heutiger Sicht wenig hilfreichen) Satz: „Schifahren muss man eben lernen." Prompt kam seine gebrüllte Antwort: „Ich will nicht Schifahren lernen, ich will Schifahren können!!!"

Heute weiß ich, dass das eine nicht zwingend etwas mit dem anderen zu tun hat. Etwas zu können, bestimmte Kenntnisse und Fertigkeiten zu beherrschen, muss nicht unbedingt das Resultat eines langen, steinigen Wegs mit viel Disziplin und Durchhaltevermögen sein. Es geht auch anders. Manche Leute kennen offensichtlich Abkürzungen oder haben andere Zugänge gefunden.

Ich persönlich halte schon immer wenig vom zweckentleerten Üben einer Technik, um sicherzugehen, dass man sie dann im Ernstfall möglichst gut beherrschen werde. Um Pianist zu werden, ist es keineswegs unerlässlich, langweilige Fingerübungen und Tonleitern rauf und runter zu spielen, sondern es ist zweckmäßig, mit Leidenschaft zu musizieren. Ob sich jemand mit spielerischem Vergnügen nur einzelne Töne zusammensucht oder Melodien wiedergibt, die ihm etwas bedeuten, macht fürs Erste keinen Unterschied.

Haben Sie schon einmal von Derek Amato gehört? Als junger Bursche war er so unglücklich in ein Schwimmbecken gesprungen, dass er mit der linken Schädelhälfte auf den Beckenrand aufschlug. Dabei zog er sich bereits seine siebente und folgenschwerste Gehirnerschütterung zu. Seither kann er, obwohl er niemals Musikunterricht hatte und nach wie vor keine Noten lesen kann, Klavier spielen wie ein Profi. Er ist professioneller Musiker geworden und spielt unentwegt. Er tut nichts lieber.

In Brasilien habe ich einem Mann in Trance beim Klavierspielen zugehört, es klang wie ein Klavierkonzert von Mozart. Der Mann lebte in den Slums, hatte von schwerer Arbeit grobe, klobige Hände und war völlig unfähig, eine schöne Melodie auf dem Klavier zu intonieren, solange er im Wachzustand war. Aber in Volltrance war er ein wunderbarer Pianist.

Es gibt keinen Beweis dafür, dass es unumgänglich ist, sich den Erfolg, auf welchem Gebiet auch immer, durch jahrelanges Leiden zu erkaufen. Mir ist die Ansicht, dass Leiden an sich einen Wert darstellen soll, sowieso suspekt. Schon als Schülerin habe ich mich dagegen gewehrt, dass meine (manchmal nur mittelprächtige) Leistung schlechter bewertet wurde, weil mir der Unterrichtsstoff an sich leicht gefallen ist, ich mich aber nicht sonderlich bemüht hatte. Kurz, weil ich nicht ordentlich gelitten hatte. Schon damals hatte ich eine pragmatische Einstellung zum Thema Lernen: Es gab Fächer und auch Pädagogen, die meine Begeisterung entfachen konnten – da habe ich mit Lust und Leidenschaft geforscht und war unter den Klassenbesten. Und es gab andere Schulgegenstände, die ich als notwendiges Übel betrachtet und deshalb nur so viel an Zeit und Energie in sie investiert habe, wie unbedingt nötig war, um keine Schwierigkeiten zu bekommen. Warum das nicht genügen sollte, hat mir nie eingeleuchtet.

Auch beim Lernen folgt die Materie dem Geist. Wenn ich mir etwas sinnlich vorstellen kann und wenn ich eine starke Motivation habe, wird es mir höchstwahrscheinlich auch gelingen, das Imaginierte in der alltäglichen Wirklichkeit umzusetzen. In der englischen Sprache wird von „Praktizieren" (to practice) geredet, das trifft schon eher den Kern meiner Überzeugung. Wenn mir etwas wichtig ist, wenn ich etwas herstellen, wissen oder können möchte, dann tue ich es. Und wenn es mir nicht gleich gelingt, dann mache ich es noch einmal und noch einmal und noch einmal … Aber nicht als „Übung", sondern weil mich die Vorstellung vom fertigen Ergebnis beflügelt. Was glauben Sie, warum Kinder das Häkeln von Topflappen nicht ausstehen können? Ganz einfach, weil Topflappen nicht beflügeln! Kaum geht es um ein modisches Accessoire, eine „coole" Mütze zum Beispiel, geht ihnen die Arbeit um vieles leichter von der Hand.

Wenn Babys laufen lernen, fallen sie hunderte Male um, und das nicht immer auf den gut gepolsterten Windelpopo. Manchmal tun sie sich weh, und es gibt Tränen, aber ans Aufgeben denken sie nie. Sie wollen auf zwei Beinen gehen, sich selbständig von einem Raum zum anderen bewegen können und so schnell sein, dass sie niemand mehr einfangen kann. Die Vision davon ist so stark, dass alle Missgeschicke auf dem Weg dorthin keine Rolle spielen. Und so schaffen sie es: An einem ganz besonderen Tag laufen sie ohne helfende Erwachsenenhand los und kreischen dabei vor Vergnügen.

Ist es nicht merkwürdig, dass fast alle von uns genau diese großartige Erfahrung gemacht haben, aber heute nichts mehr davon wissen? Wenn erwachsenen Menschen noch immer bewusst wäre, wie groß ihr geistiges Potential ist und wie es sich zielstrebig einsetzen lässt, müsste das Verhältnis zu den Themen Lernen oder Arbeit eigentlich ganz entspannt sein. Dann wären diese Begriffe nicht so negativ konnotiert, jeder könnte Freude und Befriedigung daraus beziehen.

Als mein Sohn in den Kindergarten ging, meinte er, er gehe arbeiten. Ich habe das mit Überzeugung bestätigt, schließlich war es offensichtlich, dass er jeden Morgen gerne dorthin ging und dann nachmittags um vier Uhr rechtschaffen müde war. Genau wie ich. Längst haben Untersuchungen bestätigt, dass Menschen in ihren ersten beiden Lebensjahren mehr als im ganzen übrigen Leben lernen. Und doch beschweren sich Kleinkinder kaum darüber, ist Ihnen das schon einmal aufgefallen? Sie erforschen ihre Umgebung, erobern die Welt und freuen sich am Gemeinsamen. Nur manchmal finden sie Schuhe anziehen mühsam und möchten gerne bedient werden …

Vor Jahren war ich einmal eingeladen, einen Vortrag zum Thema „Arbeit & Muße“ zu halten. Dabei fiel mir auf, dass in den Statements der anderen Vortragenden jeweils vorausgesetzt wurde, dass der Begriff „Arbeit“ allgemeingültig geklärt ist, dass also alle das Gleiche meinen, wenn sie den Begriff verwenden. Das ist aber keineswegs so. Je nach Standpunkt des Betrachters ist Arbeit ein Produktionsmittel, ein Begriff für die umgesetzte Energiemenge, für eine Leistung, ein Produkt oder nur ein anderes Wort für Erwerbstätigkeit. Ob Arbeit zufrieden, unglücklich oder gar krank macht, hängt nur zu einem Teil damit zusammen, unter welchen äußeren Umständen sie verrichtet wird. Ganz entscheidend ist die innere Einstellung dazu, sind die Denkmuster und Glaubenssätze, die jemand damit verbindet. Schon vor etlichen Jahrzehnten haben Wissenschaftler den verblüffenden Beweis erbracht, dass verschiedene Menschen unter exakt gleichen Arbeitsbedingungen entweder leiden können oder auch nicht. Das Thema ist bei weitem komplexer, als Gewerkschaften und Arbeitsmediziner meinen.

Was bedeutet denn Arbeit für Sie? Welche Assoziationen verbinden Sie damit? Halten Sie Arbeit für etwas, das sich leider nicht verhindern lässt, das man halt mehr oder minder fremdbestimmt leisten muss, um seinen Lebensunterhalt zu verdienen? Und glauben Sie, es würde Ihnen besser gehen ohne die tägliche Fron? Warum sind dann nicht alle Arbeitslosen oder zumindest alle Pensionisten glückliche Leute?

Für mein Verständnis ist Arbeit ein wichtiger Teil des Lebens, ein wesentlicher Teil unserer Identität. Arbeit gibt uns die Möglichkeit, unsere Fähigkeiten zu entwickeln und unsere Talente konstruktiv einzusetzen, sie verschafft uns neue Kontakte zu Personen, die wir vielleicht sonst nie getroffen hätten. In Kooperation mit anderen erleben wir, wie wir uns gegenseitig befruchten und ergänzen, sodass wir größere Projekte bewältigen können, als jeder Einzelne allein geschafft hätte. Mit unserer Arbeit können wir andere unter-

stützen und ihnen helfen, mit ihr leisten wir einen Beitrag zum Fortbestand und zum Gedeihen der Gemeinschaft. Und das Ergebnis unserer Arbeit kann uns selbst und oft auch anderen Freude bereiten, es ist immer wieder tief befriedigend, auf ein gutes Resultat blicken zu können. Ich persönlich empfinde auch noch besondere Lust, eine Art Eustress dabei, „Unmögliches" möglich zu machen, also die Grenzen meiner Vorstellung und meiner Fertigkeiten immer wieder auszuloten und zu erweitern.

Natürlich braucht Arbeit den Gegenpol „Muße", auch hier geht es wieder um Ausgewogenheit zwischen den beiden Polen. Muße bedeutet für mich nicht nur Ausruhen und Erholung, sondern auch Auftanken in der Natur, durch besondere Erlebnisse im privaten Bereich, gute Gespräche oder durch die Beschäftigung mit Werken der Kunst beim Lesen, Musikhören oder einem Museumsbesuch. Muße unterscheidet sich grundsätzlich vom Freizeitstress, dem sich viele Leute nur deshalb aussetzen, weil sich für sie das wirkliche Leben nur außerhalb der Arbeitszeit abspielt. Das Ziel des Müßiggangs ist erreicht, wenn wir uns bereichert, wohl und entspannt fühlen. Muße kann allerdings auch darin bestehen, eine Art von Leistung zu erbringen, die als Ausgleich zur Erwerbsarbeit empfunden wird: Gartenarbeit, Socken stricken, Deutschunterricht für Flüchtlingskinder, ehrenamtliche oder gemeinnützige Arbeit, Enkelbetreuung oder Kuchenbacken. Wesentlich ist immer, ob wir etwas für sinnvoll halten, gerne tun und Freude daraus schöpfen. Das gilt allerdings für beide Lebensbereiche, den der Arbeit ebenso wie den der Muße. Die Sinnhaftigkeit unseres Tuns ist ganz entscheidend dafür, ob uns eine Tätigkeit einfach nur ordentlich müde macht oder völlig auslaugt und erschöpft.

Auch die Mußezeit müssen wir gestalten, was allerdings nicht heißen soll, dass wir unsere Zeit außerhalb der beruflichen Tätigkeit durchplanen sollen. Ganz im Gegenteil. Wir brauchen Freiräume, die wir spielerisch ausfüllen mit dem, wozu wir gerade Lust haben, eben Raum für Spontaneität, Begegnungen und Überraschungen. Nicht umsonst meinte schon Friedrich Schiller: „Der Mensch ist nur da ganz Mensch, wo er spielt." Es geht um die Balance zwischen den beiden Polen, um das Gleichgewicht zwischen diesen beiden wichtigen Lebensbereichen. Mir gefällt am besten, wenn einerseits die Arbeitssituation durchaus auch über lustvolle, spielerische Aspekte verfügt, und andererseits auch in der Mußezeit etwas Nützliches erarbeitet wird. Wenn also jeder Pol in sich selbst eine besondere Balance durch einen Anteil am Gegenpol erfährt. So wie das Yin-Yang-Symbol einen schwarzen Punkt in der weißen Fläche und einen weißen Punkt in der schwarzen hat.

Arbeit, die jemand gerne tut, hat weit größere Chancen, gute Ergebnisse zu erbringen, als eine, die jemand nur notgedrungen absolviert. Und weil andere Personen diese besondere Energie wahrnehmen und die Resultate zu schätzen wissen, führt sie auch mit hoher Wahrscheinlichkeit zum Erfolg. Man könnte pointiert formulieren, dass sich Erfolg gar nicht verhindern lässt, wenn jemand mit Begeisterung und daher gut arbeitet. Billy Wilder hat einmal gemeint, es sei doch sehr erstaunlich, dass die Talentierten und Tüchtigen immer ein bisschen mehr Glück hätten.

Erfolg ist ein Begriff, der sich nicht allgemeingültig ausdrücken lässt. Erfolg misst sich am definierten Ziel, am mehr oder minder mühsamen Weg dorthin, an dem, was man dafür investieren musste, an per-

sönlichen Kriterien. Am wenigsten lässt sich Erfolg aus Zahlen ablesen, davon bin ich überzeugt, obwohl das die übliche Vorgangsweise ist. Erfolge können vielfältig definiert sein: den passenden Beruf und Arbeitsplatz finden, eine private Partnerschaft liebevoll und glücklich leben, Kindern ein förderliches Umfeld gestalten, gesund werden und bleiben, eine alte Handwerkstechnik erlernen, ein rares Sammlerobjekt finden oder auch nur den Keller entrümpeln.

Und was passiert, wenn unsere Arbeit nicht von Erfolg gekrönt ist? Wenn wir meinen, gescheitert zu sein? Abgesehen von unseren Bewertungskriterien, mit denen wir etwas als Erfolg oder Scheitern beurteilen, gibt es noch viele zusätzliche Aspekte, die die Angelegenheit relativieren können. Höchst erfolgreiche Unternehmensberater und Coaches werben förmlich damit, dass sie sich selbst dank ihrer unwiderstehlichen Methoden aus einer totalen Pleite wieder in lichte Höhen gearbeitet haben. Das mag manchmal ein wenig übertrieben klingen, wahr ist aber meiner Meinung nach schon, dass sich oft erst aus einiger Distanz rückblickend feststellen lässt, ob nicht gerade das Scheitern unserer ursprünglichen Pläne uns erst auf einen besseren Weg gebracht hat.

Der Psychologe und Autor Serge King hat gerne darauf hingewiesen, dass es eine Hierarchie im Denken gibt, die oft zu wenig Beachtung findet:

1. Pläne
2. Methoden
3. Ziele
4. Wertvorstellungen, Grundwerte

Nur allzu oft werden die Ebenen verwechselt. Ein Plan gehört in die unterste Kategorie. Wenn er scheitert, sagt das noch nichts über die angewandte Methode aus. Erst wenn sich zusätzlich herausgestellt haben sollte, dass auch die Methode ungeeignet ist, lohnt es sich zu überprüfen, ob das Ziel dahinter noch immer bedeutsam ist, beziehungsweise ob Ziel und Methode überhaupt zusammenpassen. Ganz zuletzt und nur mit äußerster Vorsicht sollte man seine bisherigen Wertvorstellungen hinterfragen und gegebenenfalls modifizieren.

In der Praxis findet aber oft etwas ganz anderes statt, da führen gescheiterte Pläne dazu, dass gleichzeitig das Ziel als unerreichbar klassifiziert und aufgegeben wird. Nehmen wir zum Beispiel an, ein erfahrener Firmenchef möchte seine Erfahrungen gerne an möglichst viele junge Leute weitergeben, er möchte unterrichten. Da es für seine speziellen Kenntnisse bisher kein Unterrichtsfach gibt, trägt er sein Anliegen an den Inhaber eines passenden Lehrstuhls heran. Der Betreffende hat aber nicht das geringste Interesse, sich für einen neuen Lehrauftrag einzusetzen, er kümmert sich um nichts. Der Plan scheitert. Der engagierte Mann aus der Praxis zieht sich daraufhin enttäuscht zurück und gibt seine Ambitionen auf.

An diesem Beispiel lässt sich leicht erkennen, dass nur der Plan falsch war, dass das an sich wichtige und wertvolle Anliegen in die Hände der falschen Person gelegt worden ist. Wäre unser potentieller Lehrer an seinem Projekt dran geblieben und hätte eine Lösung mit einem besser geeigneten akademischen Partner gesucht, hätten wahrscheinlich viele Studierende von seinem Wissen profitiert. Da sein Plan gescheitert war, hat er aber leider sein Ziel aufgegeben.

Andererseits sind schon viele Erfindungen, die unser Leben heute erleichtern, eigentlich durch Scheitern entstanden. Dass um 1700 das europäische Porzellan erfunden wurde, als der Alchimist Johann Friedrich Böttger im fürstlichen Auftrag Gold machen sollte, wissen Sie wahrscheinlich schon. Im Jahr 1938 versuchte der Chemiker Roy Plunkett, ein neues Kältemittel für Kühlschränke zu entwickeln, er scheiterte und erfand Teflon. Und Thomas Alva Edison betrachtete seine 10.000 gescheiterten Experimente bei der Entwicklung der Glühbirne ganz bewusst als großartige Ergebnisse für etwas anderes. So kam es dazu, dass er im Laufe seines Lebens immerhin 1093 Patente eingereicht hat.

Scheitern ist genauso wichtig wie Erfolg zu haben, natürlich ebenso gemäß der 95-zu-5%-Regel. Es geht nur um einen kleinen Anteil, der zur Balance vonnöten ist. Wenn jemand eine Zeitlang nur Erfolge feiert und der Erfolg groß und überwältigend ist, entwickelt sich möglicherweise aus seiner Erfolgsstrategie eine „Masche", er wiederholt die immer gleiche Vorgangsweise immer wieder und bleibt in einer Endlosschleife hängen. So verpasst er dann nicht nur die weitere Entfaltung seiner Talente, sondern auch den Anschluss an die Kollegen und den Rest der Branche.

Nach dem Zweiten Weltkrieg gab es in Österreich allerhand nachzuholen. In dieser Zeit blühte die Textilindustrie in Vorarlberg auf, ein paar Familien wurden richtig reich. Heute befindet sich fast keine dieser Fabriken mehr in Familienbesitz, die meisten gingen sogar in Konkurs. Was war passiert? Die Firmeninhaber waren es so sehr gewohnt gewesen, ohne jede Anstrengung und Innovation Geld zu verdienen, dass sie den wirtschaftlichen Aufschwung in anderen Ländern, aber auch die wachsenden modischen Ansprüche ihrer bisherigen Kunden völlig übersehen haben. Heute existieren nur noch die Betriebe, die etwas Besonderes produzieren, ein Nischenprodukt sozusagen. Am witzigsten finde ich die Entwicklung von ein paar Stickereifabriken, die heute unter dem Titel „African Lace“ Spitzen für die westafrikanische Haute-Volée produzieren. Da kann man in leuchtenden Farben gestickte Handys, Mercedessterne, Cabriolets, Rolls-Royce-Logos und andere Statussymbole finden …

Ein bisschen Scheitern zwischendurch tut ganz gut, meine ich, es dient der Besinnung, der Kurskorrektur, der Neuausrichtung. Eine gesunde Entwicklung bewegt sich in Wellen, nach Phasen des Aufschwungs folgen Phasen der Beruhigung und Konsolidierung, so bleibt alles im Gleichgewicht.

Und so stellt sich abschließend die Frage, ob Fehler und Missgeschick nicht auch einen wichtigen Beitrag zu unserem inneren und äußeren Wachstum leisten. Schließlich lernen wir aus Fehlern und den daraus resultierenden Folgen am nachhaltigsten. Theodore Roosevelt hatte wohl recht mit seiner Feststellung: „Zeigen Sie mir jemanden, der noch keinen Fehler gemacht hat, und ich zeige Ihnen einen Menschen, der noch nie etwas geleistet hat.“

„Wenn du denkst,
die ganze Welt sei schlecht,
dann vergiss nicht,
dass Leute wie du darin leben."

Mahatma Gandhi

Täter und Opfer – zwei unterschiedliche Positionen?

Wenn ich den Erzählungen anderer Personen oder Medienberichten zuhöre, gibt es immer ganz eindeutige Zuordnungen: schwarz oder weiß. Da gibt es die bösen Schuldigen, eben die Täter, und die armen Unschuldigen, die Opfer. Aber stimmt das wirklich so?

Zu diesem Thema können wir verschiedene Standpunkte und Betrachtungsweisen wählen, wie zum Beispiel eine psychologische oder psychoanalytische Sicht auf die beteiligten Personen. Da stellt sich heraus, dass sich hinter jeder Täter-Geschichte einige Facetten vom Gegenpol finden lassen, weil den meisten Tätern in ihrer Kindheit oder zu einem anderen Zeitpunkt die Opferrolle aufgezwungen worden war. Nehmen wir das so viel strapazierte Beispiel vom sexuellen Missbrauch: Da ist es unbestritten, dass Täter meistens selbst schon in früheren Jahren schmerzliche Erfahrungen als Opfer von Übergriffen gemacht haben. Personen, die es schaffen, das Geschehene so weit zu verarbeiten, dass sie aus diesem Wechselspiel aussteigen konnten, bleiben aber doch oft in ihrer Wahrnehmung beeinträchtigt, sodass sie nicht erkennen können, wenn Kindern in ihrem nächsten Umfeld das Gleiche angetan wird.

Der Mechanismus dahinter scheint so zu funktionieren, dass Betroffene das Erlebte vollständig verdrängen mussten, um selbst mit dem Leben zurechtkommen zu können. Und dieses Ausblenden betrifft dann eben auch jedes andere Vorkommnis, das den eigenen Schmerz, die eigene Demütigung wieder wachrufen könnte. Mütter sind manchmal über sich und ihre eigene Blindheit entsetzt, wenn sich herausstellt, dass sie den

Missbrauch an ihren eigenen Kindern nicht bemerkt haben, obwohl es doch so offensichtliche Anzeichen dafür gab. Und diese Mütter sind in der Regel selbst irgendwann Opfer gewesen.

Manchmal können sich auch sogenannte Täter selbst als Opfer fühlen, sei es, dass sie glauben, eine besondere Mission erfüllen zu müssen, dass der innere Druck zu stark wird und sie diesem nicht mehr Widerstand leisten können oder dass sie niemals gelernt haben, ihre Probleme mit Hilfe von liebevollen Mitmenschen und kundigen Therapeuten selbst zu lösen. Meiner Überzeugung nach kommt niemand schon als Gewalttäter oder Mörder zur Welt. Es gab zwar immer wieder Bemühungen, eine genetische Komponente festzustellen, aber dieses Konzept ist für mich sowieso nicht schlüssig, weil ja die Forschungen der Epigenetiker belegen, dass niemals mehr als 10 bis 15% unserer Gene gleichzeitig aktiviert sind und dass wir zudem sogar imstande sind, unsere ererbte Geninformation zu überschreiben. Also steht die Frage im Raum – vorausgesetzt, es gibt das Mörder-Gen überhaupt –, warum gerade dieser Teil der unendlich vielfältigen DNS „eingeschaltet" worden ist.

Dieselbe Frage lässt sich auch bezüglich der Opferrolle stellen: Warum gibt es Personen, die furchtbare Schicksalsschläge erleiden, denen immer wieder Unrecht geschieht? Ein wenig kann ich dazu aus eigener Erfahrung beisteuern: Vor vielen Jahren bin ich einmal zu mitternächtlicher Stunde auf dem Heimweg vom Theater von einem jugendlichen Räuber überfallen worden. Die Details des Tathergangs tun nichts zur Sache, vielmehr möchte ich schildern, was ich danach an mir selbst beobachten konnte. Die Polizei hatte mich wenige Tage danach aufgefordert, mir einschlägige Karteiblätter anzusehen, um den Täter eventuell identifizieren zu können. Da gab es ein breites Spektrum an jungen Räubern, klein oder groß, schmal oder kräftig gebaut, blond, dunkel- oder rothaarig und alle Varianten dazwischen. Nur mein Kandidat war nicht dabei.

Danach war ich völlig verunsichert, jeder junge Mann zwischen 17 und 25 Jahren, der mir auf der Straße begegnete, konnte ein Räuber sein. Ab diesem Zeitpunkt hatte ich wirklich Angst davor, allein im Dunkeln zu gehen. In jeder schattigen Ecke, hinter jedem Mauervorsprung sah ich dunkle Gestalten, überall lauerten potentielle Räuber. Ich war ein Opfer geworden und dachte und verhielt mich wie ein geeignetes Objekt für weitere Attacken. Unsicher schaute ich mich um, aus jeder Pore dünstete ich Angstschweiß aus. Und dieses Verhalten machte Menschen auf mich aufmerksam und brachte sie vielleicht erst auf dumme Ideen. Meine Reaktion auf ein einmaliges Ereignis war offenbar dazu angetan, mir weitere vergleichbare Erlebnisse zu verschaffen und meine Bewegungsfreiheit wesentlich einzuschränken.

Nachdem ich diese Konsequenzen durchschaut hatte, entschloss ich mich, aus der Opferrolle auszusteigen und meine Selbstbestimmtheit zurückzugewinnen. Ich wollte nicht länger die Gefangene meiner destruktiven Phantasien sein. Das war nicht einfach und hat einige Mühe gekostet, denn ich musste ein paar Monate trainieren, mich wieder frei zu bewegen. Schließlich ist es mir aber gelungen.

Damit will ich nun keineswegs das Unheil und die traumatischen Erfahrungen bagatellisieren, die manche Menschen durchmachen mussten. Es gibt tausendmal Schlimmeres, als ich erlebt habe. Allerdings vermute ich, dass es gewisse Strukturen gibt, die sich wiederholen und systemimmanent sind: **Opfer definieren sich selbst als machtlos, ihr Selbstvertrauen und ihr Selbstwertgefühl sind in schlechtem Zustand, sie sind pessimistisch und erwarten jederzeit und von allen Seiten neue Angriffe auf ihr körperliches und seelisches Wohlbefinden. Und weil wir doch alle unsere persönliche Wirklichkeit auf Grund unserer Denkmuster und Erwartungen selbst erschaffen oder zumindest wesentlich beeinflussen, wie uns heutzutage auch die Quantenphysik lehrt, lässt sich daraus auch schließen, dass Opfer unbewusst auch selbst dazu beitragen können, immer wieder in dieser Rolle bestätigt zu werden.** Nicht alle und nicht alle gleichermaßen. Den Unterschied macht eine besondere Fähigkeit, die Resilienz genannt wird und die auch bei Menschen in den anscheinend unerträglichsten Situationen gefunden werden kann. Darunter versteht man die psychische Widerstandsfähigkeit, die ein Gedeihen auch unter widrigen Umständen ermöglicht.

Darüber hinaus es gibt Möglichkeiten, verstörende und verletzende Ereignisse so zu verarbeiten, dass ein erfreuliches, zufriedenes Weiterleben möglich wird. In der modernen Traumatherapie wurde das uralte Wissen von Schamanen und Heilkundigen aufgegriffen und zu einem wertvollen Werkzeug auch für Menschen außerhalb von Stammeskulturen weiterentwickelt.

Aus meiner Sicht sind Opfer und Täter also nicht unvereinbare Gegensätze, sie bedingen einander und besetzen jeweils unterschiedliche Positionen auf derselben Skala. Beide Seiten sind ohne einander nicht denkbar. Damit will ich weder den Opfern irgendeine

Schuld zuweisen, noch die Täter freisprechen. Allerdings können Täter gleichzeitig Opfer sein und umgekehrt, und so lässt sich im Allgemeinen nicht feststellen, wann das Unglück begonnen hat, seinen Lauf zu nehmen. Kinder, die Vernachlässigung, Lieblosigkeit und Gewalt erlebt haben, werden mit weit höherer Wahrscheinlichkeit ihrerseits schwächere Wesen schlecht behandeln und schädigen als Kinder, die in ihrem Umfeld Bestätigung und Zuneigung erfahren haben.

Schamanisch betrachtet reicht diese Kette von Opfern und Tätern weit über dieses jetzige Leben hinaus. Da gibt es sehr wohl die Sichtweise, dass sich die Abfolge von Gewalt und Rache und wieder Gewalt über viele Generationen und Leben ziehen kann. In Brasilien haben meine Reisekollegen einmal einen hellsichtigen Psychotherapeuten gefragt, ob die heutigen Peruaner so traurig aussehen, weil sie die Nachkommen der niedergemetzelten Inkas sind. Seine Antwort hat manche verblüfft: „Nein, sie sind die wiedergeborenen Spanier, die jetzt am eigenen Leib zu spüren bekommen, was es heißt, unterdrückt und verachtet zu werden."

Persönlich bin ich davon überzeugt, dass die beiden unterschiedlichen Positionen oft nicht so weit auseinander liegen, wie es der erste Anschein vermuten lässt. Vor Jahren kam eine Frau zu mir, deren Körper noch immer Symptome von Misshandlung produzierte, obwohl sie schon einige Jahre von ihrem gewalttätigen Ehemann geschieden war und eine neue, liebevolle Partnerschaft eingegangen war. Als ich meinte, es sei wohl an der Zeit, ihrem ersten Ehemann zu vergeben, wurde die Frau wütend und wollte auf mich losgehen. Für sie war es offenbar nach wie vor wichtig, an ihren Erinnerungen und Bewertungen festzuhalten. Damit war für mich klar, dass ich ihr kaum helfen können werde.

Für viele Menschen hierzulande bedeutet verzeihen so viel wie „etwas gutheißen, was man wirklich nicht gutheißen kann". Das ist aber ein Irrtum. „Verzeihen" kommt etymologisch von „zeihen" (mittelhochdeutsch „zīhen"), also anklagen, bezichtigen, und hängt auch mit dem Begriff „Verzicht" zusammen. Wir könnten sagen, verzeihen bedeutet, auf Anklage und Vergeltung zu verzichten. So lange sich jemand selbst als Opfer definiert, so lange es jemandem um Schuldzuweisung und Vergeltung geht, bleibt die betreffende Person an den Täter gebunden. So lange hat dieses Geschehen auch Einfluss auf das weitere Leben, auf Beziehungen, berufliches Fortkommen und Gesundheit. Was einem widerfahren ist und was jemand auf lange Sicht daraus macht, sind zwei verschiedene Themen. Es kann durchaus sein, dass jemand, der zum Opfer geworden ist, durch seinen vorgeblich „gerechten" Rachefeldzug selbst zum Täter wird.

Im Fall der misshandelten Ehefrau, von der ich eben erzählt habe, hat sich einige Zeit später im Gespräch mit ihrer besten Freundin herausgestellt, dass diese ihren ursprünglich friedlichen, aber wahrscheinlich nicht sonderlich brillanten Mann Tag für Tag kritisiert und verbal gedemütigt hatte, bis dieser zu trinken begann und im Suff zugeschlagen hat. Und so stellt sich einmal mehr die Frage, wer hier Täter und wer Opfer gewesen ist. Was das lieblose und zerstörerische Verhalten in keinem Fall entschuldigen soll. Schließlich gibt es in allen Lebenslagen mehrere Möglichkeiten, mehr oder weniger angemessen zu reagieren. „Ein Holz gibt kein Kreuz!", sagt ein Sprichwort. Es braucht also immer mehr als eine involvierte Person, damit ein Konflikt entstehen und eskalieren kann.

Wahrscheinlich haben Sie auch schon erlebt, dass jemand seine Opferrolle gerne dazu benützt, andere zu manipulieren und sich gewisse Privilegien zu verschaffen. Auch da ist es nicht so eindeutig, wer auf welcher Seite stärker oder schwächer, über- oder unterlegen ist. Gerade mitfühlende Menschen sind manchmal ganz leicht auszunützen oder über Schuldgefühle zu erpressen, wenn es jemand versteht, die richtigen Knöpfe zu drücken. Und es kann in unserem Rechtssystem passieren, dass im Endeffekt jemand als Täter verurteilt wird, der es eigentlich nur zu wenig verstanden hat, sich als „Produkt" einer schwierigen Kindheit und anderer problematischer Umstände darzustellen, während die geschickteren Drahtzieher sich bedeckt halten und ungeschoren davon kommen.

Es ist nicht ganz leicht, Täter und Opfer eindeutig zu definieren. Auch hier bewegen wir uns wieder auf einer Skala zwischen zwei Extremen, auch hier können die Übergänge fließend oder beide Aspekte in einer Person verkörpert sein.

Ich gehe davon aus, dass wir Menschen grundsätzlich beide Seiten in uns tragen, dass wir wahrscheinlich in diesem oder in anderen Leben schon beide Rollen erfüllt haben. Dass gerade Menschen, die sich besonders für gerechte Verhältnisse einsetzen und Opfer beschützen wollen, tief in ihrem Inneren das Wissen um ihre vergangenen Tätererfahrungen tragen. Wenn es gelingt, dieses Wissen zu transformieren und als Werkzeug zur Verbesserung der Lebenssituation anderer Menschen zu nützen, kann man diese Erfahrung konstruktiv und zum Besten von allen einsetzen. Louise Hay, eine bekannte Heilerin und weise, beeindruckende Persönlichkeit voller Lebenskraft, hat in ihrer Jugend viel Grausames erlebt, ist misshandelt und vergewaltigt worden und hat in späteren Jahren ihre Krebserkrankung zum Ausgangspunkt ihrer Heilung in körperlicher und seelischer Hinsicht gemacht. Mit den Erkenntnissen, die sie daraus gewonnen hat, hat sie inzwischen Tausenden von Menschen geholfen, auch deren Leben zum Guten zu wenden.

Natürlich ist es schlimm, wenn jemand, durch welche Umstände auch immer, in die machtlose Rolle eines Opfers gelangt. Aber noch viel schlimmer ist es, wenn er oder sie darin verharrt und sich für den Rest des Lebens darüber definiert. Einmal habe ich Byron Katie bei ihrer Arbeit mit einer circa 50-jährigen Frau zugesehen, die als junges Mädchen vom eigenen Vater missbraucht worden war. Die Person war überzeugt davon, dass diese Erlebnisse ihr ganzes weiteres Leben zerstört hätten und schuld daran wären, dass sie sowohl beruflich als auch privat kein Glück gefunden habe. Byron Katie fragte sie: „Wie oft ist dir dieses schreckliche Ereignis widerfahren? Dreimal? Und was, glaubst du, hat dir in deinem Leben mehr geschadet: Dass dieser Missbrauch dreimal geschehen ist oder dass du seither 10.000 Mal daran gedacht hast?“

Besser kann man die Geschichte mit der Opferrolle nicht auf den Punkt bringen, meine ich.

Da kann ich doch nichts machen ...

Sicher haben Sie diesen Satz schon oft gehört oder vielleicht sogar selbst zur Ihrer Rechtfertigung eingesetzt. Mit dieser Aussage erklärt man sich für machtlos, zumindest in einem bestimmten Bereich oder einem besonderen Problem gegenüber. Fühlen Sie sich wohl, wenn Sie sich selbst nicht nur als unzuständig, sondern wirklich als ohnmächtig definieren? Vermittelt es Ihnen ein gutes Gefühl, sich für viele Bereiche des Zusammenlebens zwischen Menschen oder zwischen Mensch und Natur nicht verantwortlich fühlen zu müssen? Verbessert diese Haltung irgendetwas auf diesem Planeten oder in Ihrer persönlichen Befindlichkeit?

Ehrlich gesagt, ich kann mir das nicht vorstellen. Für mich ist es wichtig, mich machtvoll zu fühlen, fähig dazu, in dem einen oder anderen Bereich wirksam zu werden. Natürlich nehme ich dafür die Unbequemlichkeit in Kauf, mich nicht ausklinken und zurücklehnen zu können und nicht nur für meine Taten, sondern auch für meine Gedanken und Worte Verantwortung zu übernehmen. Das gibt meinem Leben Sinn, selbst wenn meine Überlegungen und Wertvorstellungen nicht immer auf fruchtbaren geistigen Boden fallen. Es geht ja nicht darum, mich „mit aller Macht" durchzusetzen, sondern eher darum, so gut informiert zu sein, so klug zu argumentieren und Veränderungsvorschläge so attraktiv aufzubereiten, dass mein Angebot quasi unwiderstehlich wird. Damit will ich sagen, dass es einerseits durchaus eines gewissen Arbeitseinsatzes bedarf, um eine gute Ausgangsbasis zu schaffen, dass aber andererseits auch der Respekt vor dem Anderssein der anderen gewahrt bleiben muss. So formuliere ich das Ergebnis meiner Nachforschungen oder die Antwort auf einen Hilferuf immer als Angebot, das großzügig und bedingungslos zur Verfügung gestellt wird, und überlasse es meinem Gegenüber, darauf einzugehen oder auch nicht.

In den Jahren der Arbeit mit Schamanen und innerhalb meiner eigenen beratenden Tätigkeit habe ich gelernt, dass es mir niemals zusteht, besser als eine Person selbst zu wissen, was für diese im gegenwärtigen Moment richtig, notwendig oder hilfreich ist, und dass Druck sowieso nur Gegendruck erzeugt. **Menschen sind frei, ihr Leben zu gestalten, wie es ihren Denkmustern entspricht, und sich damit die Konsequenzen einzuhandeln, die sich daraus ergeben. Das heißt – ich zitiere hier einen Text vom Plakat einer Kellertheaterproduktion: „Jeder hat das Recht auf eine gescheiterte Existenz.“ Unser aller Schwierigkeit besteht oft darin, tatenlos zusehen zu müssen, wie sich jemand ins Unglück stürzt, obwohl wir doch so viel besser wüssten, was der richtige (Aus-)Weg wäre.** (Wobei auch noch in Frage gestellt werden darf, ob alles, was von Außenstehenden so bewertet wird, für die Betreffenden selbst wirklich ein Unglück ist. Dieses könnte sich ja auch zu einer Lernerfahrung entwickeln, die alles zum Besseren wendet.)

Wie gesagt, ich betrachte jedes Wesen als machtvoll, wenn auch in einem unterschiedlich großen Radius. Die Tatsache, dass viele Menschen ihre persönliche Macht nicht wahrnehmen, ausloten und einsetzen wollen, ändert nichts an meiner Einschätzung und führt auch nicht dazu, dass diese Personen jegliche Verantwortung los und vor den Konsequenzen geschützt sind. Auch wenn ich zur Kenntnis nehmen muss, dass es verschiedene „Big Player“ gibt, die sich zu ihrem eigenen Vorteil über das Wohl des Ganzen hinwegsetzen, ist und bleibt es trotzdem sinnvoll, im eigenen Lebensbereich seinen Grundsätzen gemäß zu leben, mit sich selbst und mit anderen Lebewesen respektvoll und liebevoll umzugehen und nicht in eine Opferhaltung hineinzuschlittern. Diese „Big Player" in Industrie oder Politik können ihre Macht nur ausspielen, weil es bedauerlicherweise so viele Menschen gibt, denen ihre Bequemlichkeit über alles geht und die sich leicht einschüchtern lassen. Allerdings ist so eine Entwicklung nicht unumkehrbar, vorausgesetzt, eine genügend große Zahl von Konsumenten besinnt sich ihres eigenen Einflusses. Oder was glauben Sie, warum zum Beispiel immer mehr junge Mediziner sich in alternativ- oder komplementärmedizinischen Methoden ausbilden lassen? Doch wohl nur, weil immer mehr Patienten danach fragen! Und das, obwohl sie diese Leistungen zusätzlich zu den Sozialversicherungsbeiträgen aus eigener Tasche bezahlen müssen.

Das Thema „Macht" bewegt jedes Mal sofort die Gemüter, wenn ich es in Seminaren oder Vorträgen anschneide, und zwar vor allem die weiblicher Personen. Dabei stellt sich in der Regel rasch heraus, dass der Auslöser für die Erregung in einem Missverständnis besteht: „Macht" wird verwechselt mit „Machtmissbrauch".

Aber was hat es denn wirklich mit der Macht auf sich, was ist unter dem Begriff zu verstehen? Ein mir bekannter Manager hat es einmal so formuliert: **„Macht ist die Möglichkeit zur Gestaltung." Macht bedeutet also, „etwas machen zu können", in einem bestimmten Bereich Einfluss zu haben und diesen auch zu nützen. Und wenn Letzteres nicht nach egomanischen Kriterien, sondern zum höchstmöglichen Wohl einer größtmöglichen Anzahl von Lebewesen geschieht, gerät die Macht zu einem wertvollen Werkzeug.**

Ohnmacht, also das Unvermögen, nach eigenen Wertvorstellungen gestaltend zu wirken, beruht mit wenigen Ausnahmen vor allem darauf, dass jemand seine Lebensaufgabe nicht erkennt oder nicht wahrnehmen will. Zu den Ausnahmen gehören für mein Verständnis Situationen, in denen ein Mensch nicht bei Bewusstsein ist (bewusstlos = ohnmächtig) oder durch eine besondere Einschränkung nicht über sein Potential verfügen kann. Das kann zum Beispiel die Folge einer geistigen Behinderung sein. Körperliche Zustände können zwar in mancherlei Hinsicht einschränken, aber sie machen eine Person niemals völlig ohnmächtig.

Dazu ein paar Beispiele: Der bereits erwähnte Stephen Hawking lebt heute mit einem Körper, wie man ihn sich gar nicht eingeschränkter vorstellen kann: verkrüppelt und auf technische Geräte angewiesen, um überhaupt atmen und kommunizieren zu können. Und doch ist er einer der einflussreichsten Astrophysiker, der immer wieder mit erstaunlichen Ergebnissen seiner Forschungen an die Öffentlichkeit „tritt".

Nelson Mandela war 27 Jahre lang für sein politisches Engagement gegen das damals herrschende Apartheid-Regime eingesperrt, ohne jede Möglichkeit, mit seiner Familie und der restlichen Außenwelt in Kontakt zu treten. Seine einzigen Gesprächspartner waren ein paar Aufseher und ein paar gleichgesinnte Mitgefangene, mit denen er oft über seine Wertvorstellungen für ein würdiges Zusammenleben aller Menschen redete und deren Persönlichkeit er konsequent schulte. Zudem belegte er in dieser Zeit einen Fernstudienkurs in Rechtswissenschaften an der London University. Wie die Geschichte ausgegangen ist, wissen Sie sicher: Mandela verließ das Gefängnis aufrecht und weise, bereit zu Versöhnung und Frieden und wurde Südafrikas erster schwarzer Präsident.

Viktor Frankl, der Begründer der Logotherapie und Existenzanalyse, hat sogar den Aufenthalt in mehreren Konzentrationslagern überlebt, weil er für sich selbst einen guten Grund dafür gefunden hatte, die grauenhaften Zustände dort zu ertragen: Er wollte nach dem Ende des Zweiten Weltkriegs davon berichten und seinerseits dazu beitragen, dass der Horror durch Versöhnung überwunden werden konnte. Selbst unter diesen extremen Umständen fand er für sich eine sinnvolle Aufgabe und einen Bereich für selbstbestimmtes Denken und Handeln.

Im Fernsehen sah ich einen attraktiven, sportlichen Mann von etwa 30 Jahren, der nach einem Unfall auf den Rollstuhl angewiesen war. Die hörbar berührte Reporterin fragte nach, wie ein offensichtlich so körperbewusster junger Mann denn nun mit seinem Leben als Querschnittgelähmter zurechtkäme. Am Anfang sei es für ihn schon schwer gewesen, diese neuen Lebensumstände zu akzeptieren, antwortete er, er habe jeden Tag über Selbstmord nachgedacht. „Aber das ist für einen Behinderten gar nicht so einfach." Jetzt gehe es ihm gut, seit er nämlich verstanden habe, dass jeder Mensch in irgendeiner Weise „behindert" sei. „Bei anderen ist die Einschränkung oft gut verborgen, bei mir sieht man sie gleich. Das ist der einzige Unterschied."

Diese Geschichten belegen, dass es so etwas wie vollständige Ohnmacht nicht gibt. Und die letzte soll Ihnen zudem zeigen, dass auch ganz „gewöhnliche" Mitbürger imstande sind, ihr Leben neu und konstruktiv zu gestalten. Aus schamanischer Perspektive betrachtet geht unsere Fähigkeit, Einfluss zu nehmen und unsere Ziele zu manifestieren, noch viel weiter. Selbst unter schwierigen Umständen können wir die Kraft unseres Geistes nützen und Liebe und Freude auf diesem Planeten vermehren.

Ich erinnere mich an die Zeit der Kosovo-Krise, in der es leicht zu einem kriegerischen Flächenbrand in Europa hätte kommen können. In meinen Seminaren äußerten Teilnehmer ihre Angst und ihr Gefühl von Ohnmacht. Also bündelten wir unsere mentalen Kräfte und entwickelten detailreiche, sinnliche Vorstellungen von einem friedlichen und respektvollen Zusammenleben der unterschiedlichen Volksgruppen in dieser Region. Damit existierten diese Bilder im morphogenetischen Feld und waren mit unserer Energie aufgeladen, sie standen als Idee und Unterstützung allen zur Verfügung, die einen Ausweg aus den kriegerischen Verstrickungen suchten.

Einige Zeit später erzählten mir Maya-Schamanen, dass sie viel dafür gearbeitet hätten, damit Europa diese Krise gut meistern könne. Es hat funktioniert, wie wir wissen, die Sehnsucht der Bewohner nach Frieden war stärker als die Macht der Kriegstreiber. Und die Maya waren überzeugt davon, dass auch in Europa offenbar schon viele Menschen wissen, dass sie zumindest als geistige Wesen immer machtvoll sind, sich zusammengeschlossen und ihr geistiges Potential genützt haben. Sie haben diese Zusammenarbeit wahrgenommen.

Das führt mich nun zu ganz praktischen Überlegungen:
Ganz augenscheinlich ist das Thema „Macht und Ohnmacht" eines, das nicht vom Gesetz der Polarität zu trennen ist, und das bedeutet, dass wir alle uns irgendwo zwischen den Polen bewegen. Niemand ist jemals uneingeschränkt mächtig, so wie auch niemand gänzlich ohnmächtig ist. 100% Macht gibt es für niemanden auf diesem Planeten. Manchmal muss man nur ein wenig genauer hinschauen um zu erkennen, welchen Einschränkungen auch die Mächtigsten

unterliegen. Ein afrikanisches Sprichwort sagt: „Ein Floh kann einen Löwen mehr ärgern als ein Löwe einen Floh."

Wenn es Ihnen ernst damit ist, dass Sie Ihren Einfluss auf die Bereiche Ihres Lebens vergrößern wollen, und wenn Sie bereit sind, auch das dafür Notwendige zu tun, können Sie ganz konkrete Schritte unternehmen:

1. **Definieren Sie Ihr Ziel!** So sinnlich und detailreich wie möglich, ohne dem Schicksal oder Ihren Freunden in der spirituellen Welt allzu enge Vorgaben zur Umsetzung zu machen. Definieren Sie auf jeden Fall das Lebensgefühl, das Sie empfinden möchten, wenn Sie Ihr Ziel erreicht haben werden.

Wie bereits erwähnt mache ich in meiner Arbeit mit Einzelpersonen oft die Erfahrung, dass diese mir eine Stunde lang ausführlich schildern können, was sie alles nicht haben wollen, aber kaum fünf Minuten lang Worte dafür finden, wie es mit ihrem Anliegen ihrer Meinung nach weitergehen sollte. Meistens haben sie sich noch nie etwas Genaueres dazu überlegt.

Es sieht fast so aus, als wünschten sich diese Personen, das Universum, ihr Arzt, die Chefin, ein Traumpartner oder auch ich möchten ihnen die passende Zielvorstellung liefern. Am besten sollten diese Wunscherfüller auch noch die Verantwortung dafür übernehmen, dass es sich dabei erstens wirklich um das alle Wünsche erfüllende, ultimative Ziel handeln und dass dieses zweitens auch noch leicht und sicher zu erreichen sein werde. Aber so funktioniert das leider nicht. Erinnern Sie sich an Walter Russells Satz: „Du musst die Wunschkraft senden und bereit sein, das Notwendige zu tun"? Erst wenn Sie bereit sind, beide Bedingungen zu erfüllen, können Sie der Manifestation näher kommen.

2. **Und nun definieren Sie Ihren Bereich der persönlichen Wirksamkeit**:
   Überlegen Sie sich, mit wie vielen Personen Sie im Alltag zu tun haben und was Sie tun können, um Ihre besten Erkenntnisse und Ideen an diese weiterzugeben oder Ihnen die Vorzüge Ihrer Projekte schmackhaft zu machen. Welche Zugänge und Strategien können hilfreich sein? Was müssen Sie möglicherweise an Ihrem eigenen Verhalten verändern, um für andere glaubwürdig zu sein? Wie sollten Sie sich fühlen, was möchten Sie ausstrahlen, damit andere Sie als leuchtendes Beispiel betrachten und Ihnen nacheifern wollen?

Im Grunde geht es nicht einmal um einen bestimmten Personenkreis, für Schamanen ist ja alles in der Natur lebendig, Pflanzen und Tiere ebenso wie Steine und die vier Elemente Wasser, Erde, Luft und Feuer. Auch die Himmelskörper sind in diesem Denkmodell machtvolle Wesen, mit denen wir zusammenarbeiten können. Wenn Sie sich durch Ihre bisherigen Gedankenmuster nicht länger einschränken lassen, tut sich ein weites Feld von Möglichkeiten auf, in dem Sie mit Liebe und Respekt gestaltend tätig sein können. Auch wenn Sie beschließen sollten, Ihre Aufmerksamkeit in Zukunft vor allem den Nacktmullen zu widmen, werden Sie wunderbare Erfahrungen machen und einen wichtigen Beitrag zur Entwicklung des Bewusstseins auf diesem Planeten leisten. Es geht nämlich nicht so sehr darum, wem oder was Sie sich zuwenden, sondern vor allem darum, in welcher Haltung Sie das zum Besten des Ganzen tun.

Auch wenn wir immer wieder auf Widerstände oder an Grenzen stoßen, jeder Moment des Lebens, in dem wir gemäß unseren Möglich-

keiten unser Bestes gegeben haben, um die Lebensbedingungen auf diesem Planeten zu verbessern, ist und bleibt wertvoll und hilft uns, unser eigenes Leben als freudvoll und erfolgreich zu empfinden.

Das Ignorieren dieser Möglichkeit, immer und überall einen wenn auch vielleicht nicht sehr ausgedehnten Bereich der eigenen „Machtfülle“ zu erkennen und auch zu nützen, mag vielleicht manchem vordergründig vorteilhaft erscheinen. Schließlich ziehen es manche Personen vor, keinerlei Verantwortung zu übernehmen und lieber andere für ihr eigenes Wohl und Wehe und die schlimmen Verhältnisse in manchen Weltgegenden zuständig zu machen. Es ist ja auch leichter zu sagen: „Wenn ich etwas zu sagen hätte, ich wüsste schon, was zu tun wäre. Ich würde dies und jenes ändern. Aber leider bin ich zu klein und zu schwach dafür. Und die Mächtigen da oben sind ja alle korrupt …“

Tatsache ist, dass es immer und für jeden einen Bereich der persönlichen Wirksamkeit gibt, dass es allerdings notwendig ist, sich zuständig und verantwortlich zu fühlen, um diesen wirklich nützen zu können. Und dieses Verantwortungsgefühl verträgt sich halt schlecht mit Bequemlichkeit, Besserwisserei, Ignoranz und Feigheit. Sobald sich jemand exponiert und aufrecht dazu bekennt, sich ab sofort für irgendeine Verbesserung einsetzen zu wollen, setzt er sich auch schon der Kritik derjenigen aus, die mit den geplanten Änderungen nicht einverstanden sind und vielleicht ihre Pfründe gefährdet sehen. Also bleiben manche lieber in ihrer warmen Stube auf dem weichen Sofa sitzen und beglücken ihre Umwelt mit Kritik und sarkastischen Bemerkungen. Alle diese Leute werden – wie alle anderen auch – ernten, was sie gesät haben. Je nachdem.

Schamanen wissen seit Jahrtausenden, dass der Bereich der persönlichen Wirksamkeit nicht nur in der alltäglichen materiellen Wirklichkeit zu finden ist. Sie arbeiten auch mit den Kräften und Wesenheiten in der unsichtbaren Welt zusammen. Ja, sie gehen sogar davon aus, dass die entscheidenden Interventionen zuerst auf einer geistigen Ebene stattfinden und sich erst danach in der Materie manifestieren. Die Kogi in Kolumbien, ein Stamm, der sich bis heute erfolgreich gegen das Überschwemmtwerden durch unsere Zivilisation wehrt, betrachten sich selbst als unsere älteren Brüder, die sich bemühen, unsere Fehler im Umgang mit Mutter Erde und ihren Bewohnern auszugleichen und wiedergutzumachen. Ihre spirituellen Führer, genannt Mamas, kümmern sich darum, die Harmonie in der spirituellen Welt (sozusagen in der Matrix, die sie Aluna nennen) wiederherzustellen.

Seit kurzem bestätigen uns auch Astrophysiker, dass das, was Wissenschaftler bisher für unser Universum gehalten und was sie erforscht haben, höchstens vier Prozent (4%!) dessen darstellt, was unser Universum in Wirklichkeit ausmacht. 96% sind nicht sichtbar, doch sind gerade da die wichtigsten und machtvollsten Kräfte am Werk. Ist das nicht wunderbar? Solche Nachrichten bestärken mich in meiner Überzeugung, dass für uns Menschen als Teil dieses Universums das Gleiche gilt: „Das Wesentliche ist für die Augen unsichtbar." (Noch so ein kluger Satz aus Saint-Exupérys „Kleinem Prinzen") Ja, wir haben einen Körper, der über viele unterschiedliche Funktionen und Fähigkeiten verfügt, aber wir sind nicht ausschließlich „Körper". **Wir haben Gedanken und Gefühle, Ideen und Erkenntnisse, die sich keineswegs messen oder wägen lassen und doch den wichtigsten Teil unserer Identität ausmachen. Und wir sind mit einer großartigen Gabe ausgestattet, die**

wir hoch schätzen und mit Liebe und Respekt nützen sollen: unsere Vorstellungskraft.

Mit Hilfe unserer Imagination können wir uns Bilder von den Verhältnissen machen, die wir für erstrebenswert halten: Friede, Gesundheit, Erfolg, Partnerschaft und vieles mehr. Wir können auf Grund der von uns erstellten Vorstellungen Einfluss darauf nehmen, was sich in der Materie manifestieren wird, sofern wir uns an ein paar wichtige Regeln halten:

1. Das Allerwichtigste beim Kreieren unserer inneren Bilder ist, dass unsere Pläne nicht in das Gedeihen anderer Wesen eingreifen und ihre Entfaltung beschneiden. Ich bin überzeugt, dass wir – zu Recht! – Widerstand erzeugen, wenn wir versuchen, unsere Interessen auf Kosten von anderen durchzusetzen. Vielleicht gibt es sogar so etwas wie „Kosmische Zensur“ …

   Wir haben durchaus das Recht, uns Liebe, Anerkennung und Erfolg zu wünschen, aber ich halte es nicht für erlaubt, unsere Ziele so zu formulieren, dass sie nur unter Beeinträchtigung von anderen umzusetzen sind. Sollten Sie sich also nicht nur einen guten Platz zum Wohnen wünschen, sondern in ein ganz bestimmtes Haus einziehen wollen, könnte das daran scheitern, dass die jetzigen Bewohner dort bleiben wollen.
2. In der geistigen Welt gibt es keine Zeit, Ungeduld ist also fehl am Platz. Wichtig ist das Vertrauen in unser Vorhaben und die materielle Umsetzung, die bereits begonnen hat.
3. Was ebenfalls oft übersehen wird, ist Folgendes: Lassen Sie Ihren Helfern in der unsichtbaren Welt einen gewissen Spielraum beim Manifestieren. Geben Sie nur wesentliche Eckpunkte, aber nicht zu

viele Details vor, sonst ergeht es Ihnen vielleicht wie einer Seminarteilnehmerin, die sich ihren Traummann kreieren wollte: Sie hat vier ganze Seiten vollgetippt und alle Details angegeben, die für sie attraktiv schienen. Und dann hat sie den Mann kennengelernt, der in allen Punkten ihrer Liste entsprach. Allerdings hatte er eine Eigenschaft, an die sie nicht gedacht hatte: Er war schwarz, dunkelschwarz sozusagen. Brillant, intelligent, schön und schwarz. Da dieses Detail aber nicht bedeutungsvoll war, wurden die beiden ein Paar. Allerdings nur für vier Monate, dann beendete die Frau die Beziehung, weil ein Mann, der ihr und ihren Wünschen so sehr entsprach, auf die Dauer für sie langweilig war. Es fehlten ein bisschen Reibung, etwas Unbekanntes, das sich zu entdecken lohnte, ein wenig Herausforderung und Spannung …

4. Definieren Sie ganz genau, wie Sie sich fühlen möchten, wenn Sie Ihr Ziel erreicht haben. Wie werden Sie sich fühlen in Ihrer neuen Partnerschaft, am neuen Arbeitsplatz, mit der passenden Aufgabe …?
5. Am machtvollsten sind Ihre Vorstellungen, wenn es Ihnen nicht zuvörderst um Ihr eigenes Wohlbefinden, sondern um eine positive Entwicklung für möglichst viele Wesen geht. Wenn Sie erschüttert über das Schicksal von Kindern in Kriegsgebieten sind, wenn Sie die Gesundheit von Menschen, die Naturgewalten ausgesetzt sind, berührt, wenn Sie Freude und Gedeihen für Menschen, die unter schwierigen Umständen leben, erschaffen wollen, machen Sie sich möglichst konkrete Vorstellungen vom erwünschten Zustand. Stellen Sie sich vor, dass Sie einen Zeitungsbericht lesen, der die positive Entwicklung bestätigt, oder dass Sie über eine Dokumentation im Fernsehen erfahren, dass sich vieles zum Besseren gewandt hat. Erschaffen Sie Frieden in der Welt, indem Sie mit dem Frieden im

Inneren beginnen, Frieden schaffen in Ihrem persönlichen Umfeld und dieses Gefühl und diese Vorstellungen dann auf den Weg schicken zugunsten von allen, die dessen bedürfen.

Unser Geist ist machtvoll. Selbst wenn wir keine Chance sehen, große Probleme auf materiellem Weg lösen zu können – wir sind niemals völlig ohnmächtig und ausgeliefert. Und wir nähren und fördern mit unserer großen mentalen Kraft genau die Gegebenheiten, mit denen wir uns beschäftigen, über die wir reden oder uns sogar aufregen. Daher ist ganz unerlässlich notwendig, den Bereich der eigenen Wirksamkeit zu definieren und in diesem so wirksam zu werden, wie es den eigenen Wertvorstellungen und Möglichkeiten entspricht. Im geistigen Sinn gibt es diese Einschränkung nicht, unter diesem Aspekt gehört das ganze Universum zum Bereich Ihrer Wirksamkeit. Sie können mit Hilfe Ihrer Gedanken und Vorstellungen überall heilend und harmonisierend einwirken, wo Ihnen das ein Anliegen ist.

In Hawai'i gibt es eine Methode, die Kräfte zu bündeln und so das Potential deutlich zu erhöhen: das HUI. Darunter versteht man eine Art unkompliziertes Ritual, bei dem auch das Internet hilfreich zur Informationsübermittlung eingesetzt werden kann. Eine Person, die so ein Hui für ein überpersönliches Anliegen starten will, gibt ein Thema bekannt, dazu auch den Zeitpunkt, an dem alle zur Zusammenarbeit eingeladen sind. Alle Menschen, die sich davon angesprochen fühlen, haben nun die Möglichkeit, gleichzeitig liebevolle, heilende Gedanken und Vorstellungen zu erstellen und ihre Energien miteinander zu verbinden. Jeder auf seine Weise. Wenn das Anliegen zum Beispiel die Rettung der Wale oder unserer Nutztiere in der Massentierhaltung betrifft, kann jemand sich die Tiere wohlbehalten in ihrer natürlichen Umgebung vorstellen, jemand anderer kann seine liebevolle Energie in eine leuchtende Kugel packen und diese losschicken, eine andere Person betet oder singt vielleicht und eine weitere hat vielleicht die Idee, einen Regenbogen mit Heilungskraft aufzuladen und ihn um alle notleidenden Kreaturen zu legen. Es geht ausschließlich darum, das definierte Ziel und dessen Manifestation mit positiven und konstruktiven Bildern und Gedanken zu stärken und zu fördern. Kritik, auch berechtigte, hat hier keinen Platz. Sie wäre kontraproduktiv.

Wobei wir auch beim Thema Macht das Gesetz der Polarität nicht außer Acht lassen können, auch da werden Sie niemals 100% erreichen. Sie werden niemals ganz und gar mächtig sein und alles beherrschen können, ebenso werden Sie niemals ganz und gar machtlos sein. In irgendeinem Bereich können Sie immer Einfluss nehmen und diesen gestalten. Am besten fangen Sie damit bei sich selbst und Ihren Denkmustern an. Und weil doch alles mit allem zusammenhängt, wird sich jede Veränderung auf das ganze Universum auswirken.

Ist zu wenig Liebe in der Welt?

Da ich ja überzeugt davon bin, dass Liebe als stärkste Macht im Universum immer da ist, möchte ich nun darüber schreiben, was das Wahrnehmen und Annehmenkönnen von Liebe verhindert. Liebe ist die Kraft, die alles im Kosmos miteinander verbindet, gleichzusetzen mit dem, was Physiker die schwache elektrische Kraft nennen. Der Kosmologe Brian Swimme meint, dass die in allem wirkende, stärkste Energieform im ganzen Kosmos, im sichtbaren wie im unsichtbaren Bereich des Universums, „Anziehung“ genannt werden kann. Anziehung lässt Elektronen um einen Atomkern, Planeten um Sonnen und Sonnensysteme um das Zentrum von Galaxien kreisen, auch die Wirkung von Kunst auf Menschen oder die Sympathie zwischen verschiedenen Wesen subsummiert er unter diesem Begriff. Und „Anziehung“ ist seiner Meinung nach nur ein anderes Wort für „Liebe“.

Für gläubige Menschen ist es die Liebe Gottes, die alles durchdringt und immer da ist, in der sie sich jederzeit aufgehoben finden können. Wenn sich also Personen „von allen guten Geistern verlassen“, depressiv und einsam fühlen, ist das nur eine Umschreibung dessen, dass sie sich von Gott getrennt wähnen, dass sie sich vom Göttlichen in Allem, was ist, abgewandt haben. Wussten Sie, dass wissenschaftlichen Untersuchungen zufolge gläubige Menschen fast nie von solchen Befindlichkeiten betroffen sind? Gottvertrauen scheint sie gegen solche Phänomene immun zu machen. Mir erscheint dies durchaus nachvollziehbar – Ihnen auch?

Liebe ist also immer da, im kleinsten wie im größten Teil des ganzen Kosmos. Das Problem ergibt sich daraus, dass Menschen offenbar

bewusst oder unbewusst die Wahl haben, sich auf diese Liebe einzulassen oder auch nicht. Dahinter stecken natürlich oftmals schmerzliche Geschichten, frühkindliche Prägungen, die Offenheit und Vertrauen zerstört haben, aber eben auch Anmaßung und Hochmut, der Wahn, sich selbst für die Krone der Schöpfung, für den Repräsentanten einer überlegenen Intelligenz zu halten. Lauter Umstände, die Trennung erzeugen. Diese Haltungen lassen sich jedoch verändern, wenn jemand das wirklich will. Liebe hat auch etwas mit Hingabe zu tun, man muss sie nähren und fördern, wenn sie einen durchs ganze Leben tragen und begleiten soll.

In einem früheren Kapitel habe ich bereits die Algonquin-Älteste Louise Wawate erwähnt, die uns die Essenz des überlieferten Wissens ihrer Vorfahren weitergegeben hat. Eines der eindrucksvollen Symbolbilder zeigt den Lebensbaum, eine Aufstellung der wichtigsten Charaktereigenschaften, die es in der eigenen Persönlichkeit auszubilden oder zu bezähmen gilt, mit denen wir aber auch im Zusammenleben mit anderen konfrontiert werden. Sie erinnern sich, Louises Großmutter hatte ihr empfohlen: „Ordne dein Leben, alle guten Erinnerungen gib nach links, alle schlechten nach rechts. Vergiss keine davon! Das sind deine Werkzeuge, sie machen dich stark für dein Leben!“

Großzügigkeit	Gier
Respekt	Respektlosigkeit
Weisheit	Ignoranz
Tapferkeit	Feigheit
Demut	Ego/Stolz
Ehrlichkeit	Unehrlichkeit
Liebe	Angst

das Selbst

verwurzelt im eigenen Wesenskern wie ein Baum in Mutter Erde

Wenn Sie sich diese Liste ansehen, werden Sie bemerken, dass es sich dabei wieder im Wesentlichen um polare Paarungen handelt. Die einzelnen Begriffe beschreiben jeweils die Endpunkte einer Skala, und es ist unschwer zu erkennen, dass wir uns bei allen entsprechenden Erfahrungen, aktiv oder passiv, immer irgendwo dazwischen befinden. Niemand ist zu 100% großzügig oder gierig, respektvoll oder respektlos, tapfer oder feige. Es gibt immer gewisse Einschränkungen, im Positiven wie im Negativen. Wir können unser Erleben mit anderen und unser eigenes Verhalten immer nur der jeweils überwiegenden Qualität zuordnen.

Bei den ersten sechs Begriffspaaren bedarf es wahrscheinlich keiner genaueren Erläuterungen, aber ich habe schon oft erfahren, dass das letzte Paar Liebe versus Angst in unserer Kultur für Irritation sorgt. **Die meisten unserer Mitbürger betrachten eher Begriffe wie Wut oder Hass als Gegenpol zur Liebe. Aber gemäß der Auffassung in schamanischen Traditionen kann man Wut und Hass viel eher als enttäuschte Liebe interpretieren denn als Mangel an Liebe.**

Abgesehen davon haben bei uns viele Menschen eine allzu romantische Vorstellung von der Liebe. Wohlgemerkt, wir reden hier nicht vom Verliebtsein, das manche Wissenschaftler eher für eine instinktive, genetisch und/oder chemisch bedingte Reaktion auf gewisse Merkmale und Signale einer anderen Person oder auf eigene Prägungen in Resonanz zum Gegenüber halten. Da geht es vordergründig um Fortpflanzung, um Sicherheit, um Sozialprestige und sogar um Machtdemonstration innerhalb einer bestimmten sozialen Gruppe.

Wir reden hier von Liebe, von einer Qualität, die ein Mensch (oder auch ein anderes Wesen) im eigenen Inneren zur Entfaltung bringen kann. Hawaiianer sind überzeugt davon, dass Liebe Mühe kostet, deshalb erziehen sie ihre Kinder in einer ganz bestimmten Weise zu liebevollen Erwachsenen. Die Grundprinzipien dafür heißen MĀLAMA, KŪPONO und KŌKUA. Erst wenn diese drei Prinzipien wirklich verinnerlicht sind, ist ein Mensch fähig, zu lieben und seinerseits die Liebe in allen Wesen wahrzunehmen. Dadurch wird auch er selbst liebenswert.

MĀLAMA heißt „nähren, fürsorglich sein". (Auf einer tiefen spirituellen Ebene kann man den Begriff so deuten: Das Generieren von Licht wird beantwortet mit Licht, was wiederum Licht erschafft.) In Hawai'i werden schon kleine Kinder von zwei Jahren mit überschaubaren Aufgaben betraut, die eine fürsorgliche Haltung anderen Lebewesen gegenüber für sie zur Selbstverständlichkeit werden lassen. Das heißt, so ein hawaiianisches Menschlein ist schon in diesem Alter für eine Kokospalme zuständig, muss ihr Wasser geben und beobachten, ob es ihr gut geht. Natürlich kann das Kind auch gemäß schamanischem Verständnis mit der Palme kommunizieren, ihr als Dank für ihre Früchte etwas vorsingen oder für sie tanzen. Und wenn es feststellt, dass der Baum krank sein könnte, muss es Erwachsene zu Hilfe holen. Mit zunehmendem Alter und mit wachsenden Fertigkeiten wachsen natürlich auch die Zuständigkeiten. Grundsätzlich gilt auch in Hawai'i, dass jedes Mitglied einer Gemeinschaft für das Wohl der ganzen Gruppe Verantwortung trägt.

KŌKUA bedeutet „helfen ohne Erwartungen" (aufrecht auf gutem Fundament stehen und offen den Geist der Menschlichkeit leuchten lassen). Dazu gehören natürlich Achtsamkeit und Aufmerksamkeit, um dort

Unterstützung zu leisten, wo diese gebraucht wird. Hawaiianer schätzen es sehr, wenn jemand die Augen offen hält und einem zur Hand geht, noch bevor man darum gebeten hat. Und selbstverständlich entsteht aus dieser Hilfe keinerlei Verpflichtung, niemand muss Hemmungen haben, Hilfe anzunehmen, weil er sich nicht angemessen revanchieren könnte.

KŪPONO heißt übersetzt „ehrlich sein“ (eine aufrechte innere Haltung in Übereinstimmung mit der kosmischen Ordnung haben). Damit ist natürlich Ehrlichkeit im Umgang mit sich selbst ebenso wie mit anderen gemeint, aber eben auch die Beachtung und Wertschätzung des Göttlichen in allen Wesen.

Aus den genannten Werten wächst ALOHA, übersetzt „die Anwesenheit des göttlichen Lebensatems“ (im tieferen Sinn: Das göttliche Licht wird von der Erde reflektiert, aus der intensiven Beschäftigung damit wird Erleuchtung). Ich möchte an dieser Stelle gerne den Text meines verehrten Lehrers Lanakila Brandt anführen, den er vor fast 30 Jahren geschrieben hat:

ALOHA ist eine starke Aussage des Geistes. Das Wort ist zwar in hawaiianischer Sprache, doch die Botschaft ist universell. Liebe, reich an Sanftheit, Barmherzigkeit, Achtsamkeit, Mitgefühl und Verständnis.

Für mich ist ALOHA die Kommunikation mit und das Erhalten der inneren Führung der Erde, des Meers, des Windes und des Himmels und der Kreaturen, die schwimmen, laufen und fliegen.

ALOHA bedeutet mir das Teilen des tiefen Wissens unserer hawaiianischen Ahnen mit den aufrichtig Suchenden. Es ist der passionierte spiri-

tuelle Ausdruck meiner heiligen Tänzerinnen, der Frauen meines HALAU (HULA-Schule). Die HULA-Tänzerinnen wissen: die AKUA (Gottheiten) hören und verstehen. Und wenn ich meine Arme hebe und zu den AKUA rufe, bin ich leicht. In diesem schwebenden Moment bin ich selbst ALOHA.

ALOHA sind meine Kinder, meine Enkel, die Frauen, die meine Ehefrauen und Geliebten waren, meine schöpferischen Partner und meine Inspiration. Ich liebe sie alle noch – für die mit mir geteilten Geschenke der Liebe und des Vertrauens; dafür, dass sie das Vehikel und die Bühne für meine eigene Entwicklung waren, dafür, dass sie mir erlaubt haben, sie in ihrer Entwicklung zu führen; für die liebevollen Geschenke von MANA (spirituelle Lebenskraft).

ALOHA ist ein komplexes und wichtiges Wort mit fast unerschöpflichen Energien. Aber die großartigste Kraft und Schönheit besteht darin, dass wir alle ALOHA in uns tragen. Wir müssen uns nur öffnen und es fließen lassen. Lassen wir uns alle überfluten! Dann werden wir alle wirklich im inneren Paradies, dem „Spirit of Aloha", leben.

Wenn wir uns mit diesem umfassenden Verständnis von Liebe befassen, ergibt sich daraus auch, wie groß die Auswirkungen des Mangels an Liebe sein können. So wird auch die Aussage von Dave Hegglun, einem Bildhauer mit europäischen Wurzeln, der auf Grund seines großen Einfühlungsvermögens in die Schnitzkunst der Maori von diesen als TAHUNA (spiritueller Führer) anerkannt ist, nachvollziehbar: „Ihr müsst nichts fürchten außer der Angst!"

Das deutsche Wort „Angst" kommt von „eng". Angst macht den Blick, den Geist und das Herz eng, Angst schränkt uns auf allen Ebenen des Seins ein. Bruce Lipton, einer der Väter der Epigenetik, erklärt, dass es in unserem Körper sowie in jeder unserer 10 oder mehr Billionen Körperzellen nur zwei unterschiedliche Zustände gibt: Angst/Stress/Schutz oder Sicherheit/Entspannung/Wachstum.

Im Stadium von Stress werden alle Kräfte an die Peripherie, also in die Extremitäten, in die Muskulatur geschickt, um Feinde, Eindringlinge und andere Bedrohungen abzuwehren. Entweder durch Kampf oder durch Flucht. Dabei werden kurzfristig alle lebenswichtigen inneren Organe unterversorgt, in Kopf und Körper finden nur noch tausendmal geübte Routinen zum Schutz und zur Verteidigung statt. Das Reptiliengehirn kümmert sich ums Überleben.

In Sicherheit und Entspannung passiert das Gegenteil, der Bewegungsapparat bekommt nur so viel Nahrung, wie gerade gebraucht wird, der Großteil an Energie steht für Weiterentwicklung, Verfeinerung und Heilung der Organe, aber auch des Geistes, für Lernen und Kreativität zur Verfügung. Denken, vor allem Umdenken, anspruchsvolle geistige Arbeit erfordert viel Aufwand und verbraucht circa 20% unserer gesamten Energiezufuhr durch Nahrung.

Beides gleichzeitig funktioniert nicht, nicht in der einzelnen Zelle und auch nicht im ganzen Menschen. Wir sind immer entweder im Schutz- oder im Entwicklungsmodus. Das kann man sogar beim Heranwachsen eines Embryos im Mutterleib sehen: Fühlt sich die Mutter geborgen und wohl, entwickelt sich das Gehirn des Fötus zuerst stärker, der Kopf wird größer. Hat die Mutter emotionelle oder finanzielle Sorgen und fühlt sie sich im Stich gelassen, wachsen vor allem der Körper und die Extremitäten, der Kopf bleibt kleiner. Ist das nicht beeindruckend?

Wenn eine Person Angst hat, betrifft diese Enge auch den Durchfluss in den inneren Systemen des Körpers, die Durchblutung wird eingeschränkt, alle Organe und vor allem auch das Gehirn werden deutlich weniger gut mit Mikronährstoffen wie Vitaminen und Mineralien versorgt. Und das bedeutet, dass Angst und Stress als Dauerzustand definitiv krank machen. Daher betrachten Kahuna die Entspannung als die wichtigste Heiltechnik überhaupt. Im entspannten Zustand kann unser Körper auf seine Selbstheilungskräfte zurückgreifen, und die meisten gesundheitlichen Probleme verschwinden ohne jede Intervention von außen.

Am nachhaltigsten zerstörerisch wirkt die Angst aber in der Seele und im Geist. Wenn jemand alles, was er oder sie noch nicht kennt und nicht gewohnt ist, mit Abwehr beantwortet, lässt das darauf schließen, dass dahinter Angst steckt, egal, wie forsch, aggressiv und gewaltbereit jemand nach außen auftreten mag.
Menschen mit dieser Haltung folgen den Glaubenssätzen:
1. Alles ist von allem getrennt – ich bin von allem getrennt.
2. Alles hat einen Anfang und ein Ende, ist begrenzt – ich bin begrenzt, meine Möglichkeiten und Ressourcen sind begrenzt.
3. Alles, was ich nicht kenne, kann gefährlich sein. Alles, was ich nicht unter Kontrolle habe, kann mir abhanden kommen.

ad 1. Alles ist von allem getrennt – ich bin von allem getrennt.
Wenn Menschen sich nicht mit ihren Mitmenschen und den übrigen

Wesen in der Natur verbunden fühlen, können leicht Emotionen wie Einsamkeit, Misstrauen, Eifersucht und Verlassenheitsängste hochkommen. Sobald sie sich räumlich von Personen, die ihnen wichtig sind, getrennt wahrnehmen, geraten sie leicht in quälende Zustände, die sich auch auf ihr Familien- oder Liebesleben destruktiv auswirken. Fazit: Die Liebe zwischen Partnern oder Familienmitgliedern nimmt Schaden, vielleicht geht sie dabei auch ganz verloren.

Auch im beruflichen Umfeld führt das Sich-getrennt-Fühlen dazu, dass Zusammenarbeit erschwert wird, dass Vorgesetzte ihren Mitarbeitern misstrauen, dass letztere sich von Kollegen gemobbt sehen, dass größere Projekte schwer zu realisieren sind. Die Angst davor, ausgebeutet oder übervorteilt zu werden, die Angst, nicht genügend geachtet und geschätzt zu sein, und die Angst davor, im Konkurrenzkampf zu unterliegen, führen dazu, dass Menschen nicht gemeinsam an einem Strang ziehen, dass sie einander belauern und viel Zeit und Kraft investieren, um die vermeintlichen Konkurrenten auszuschalten. Und wenn dann noch die Existenzangst, die Angst vor Verlust des Arbeitsplatzes und vor Armut dazukommen, fühlen sich manche nur noch von Feinden umzingelt. Dabei bleibt unsere Fähigkeit zur Kooperation – im Übrigen auch eine Form von Anziehung und Liebe – völlig auf der Strecke. Dabei war doch gerade sie das wichtigste Werkzeug zur Entwicklung von höheren, arbeitsteiligen Kulturen. Ein einzelner Mensch ist trotz größerer Gehirnmasse ein eher mittelmäßig ausgestattetes Wesen, es gibt viele Tiere, die schneller laufen und besser zubeißen können, die stärkere Klauen und schärfere Augen und Ohren haben. Menschen haben jedoch gelernt, große Aufgaben gemeinsam zu bewältigen, indem sie einander vertraut und ihre Kräfte gebündelt haben. Daran sollten wir manchmal denken, bevor wir uns als „Ich-Aktien“ gegeneinander hetzen lassen und uns gegenseitig in Konkurrenzkämpfen aufreiben.

Dieser Mangel an Zusammengehörigkeitsgefühl wirkt sich auch verheerend im Umgang mit Mutter Erde aus. Nur wer sich von der Natur grundsätzlich getrennt sieht, kann so rücksichtslos und kurzsichtig damit umgehen. Schamanen empfinden Tiere, Pflanzen und Mineralien grundsätzlich als Brüder und Schwestern und erkennen an, dass sie alle älter sind als wir Menschen und daher wahrscheinlich über mehr Wissen und Weisheit verfügen. Und dass sich jedes Unheil, jede Zerstörung immer auf das ganze Leben auf diesem Planeten auswirkt, weil ja ihrer Meinung nach alles mit allem verbunden ist. Beweise dafür erleben wir Tag für Tag.

ad 2. Alles hat einen Anfang und ein Ende, ist begrenzt – ich bin begrenzt, meine Möglichkeiten und Ressourcen sind begrenzt.

Das Denkmuster, dass alles auf diesem Planeten begrenzt ist, dass Ressourcen knapp sind und uns vielleicht bald nicht mehr ausreichend zur Verfügung stehen könnten, verstärkt das oben beschriebene Verhalten. Es zerstört Vertrauen und Gemeinsamkeit, die zur Liebe gehören.

Und die Tatsache, dass viele Menschen auch sich selbst als begrenzt empfinden, führt ebenfalls zu unerfreulichen Konsequenzen. Im materiellen Verständnis ist für solche Personen mit dem Tod alles aus, sie existieren danach nicht mehr. Das kann zur Folge haben, dass sie diesem einen, kleinen, kurzen Leben möglichst viel abgewinnen wollen, ohne Rücksicht auf die Mitbewohner auf Mutter Erde und ohne Bedenken, was ihr Handeln für nachfolgende Generationen bedeutet. Ein Mensch, für den der Tod kein Endpunkt, sondern nur ein Übergang in eine andere

Seinsform ist, und der vielleicht sogar annimmt, dass sein Selbst zu weiteren Erfahrungen in einem menschlichen Körper wieder auf den Planeten zurückkommt, weiß, dass er die eingebrockte Suppe auslöffeln muss. Er wird also sorgsamer mit allen Wesen und Dingen umgehen.

Natürlich gehören Begrenzungen zu unseren alltäglichen Erlebnissen, unser Körper hat eine begrenzte Leistungsfähigkeit. Und doch wissen wir gleichzeitig, dass diese Grenzen sich niemals eindeutig und allgemeingültig definieren lassen, weil Menschen sie unter extremen Umständen jederzeit überschreiten können. Es gibt viele Geschichten von übermenschlichen Leistungen, wenn es darum gegangen ist, ein Kind oder eine andere geliebte Person zu retten. Sogar im Sport werden alle sogenannten „Traummarken" früher oder später übertroffen.

Manche Psychologen meinen, dass jede Form von Angst im tiefsten Kern eigentlich von der Angst vor dem Tod herrührt. Gleichgültig, ob sich jemand vor bestimmten Tieren, vor dem Verlust von Einkommen und Eigentum oder vor schweren Erkrankungen fürchtet – dahinter steckt immer Todesangst. Daraus lässt sich meiner Meinung nach ableiten, dass ein Mensch, der seine Seele für unsterblich hält, auch höchstwahrscheinlich weniger Angst davor hat, seinen Körper irgendwann zurückzulassen. Für ihn geht das Leben weiter, er fühlt sich nicht allein an die materielle Existenz gebunden und dadurch beschränkt. Eindrucksvolle Beispiele dafür habe ich in Tibet gefunden. Das spirituelle Weltbild und die unerschütterliche Überzeugung, dass dieses Leben nur eines in einer langen Reihe darstellt, helfen der eingesessenen Bevölkerung, auch unter chinesischer Besatzung aufrecht zu stehen und die Hoffnung nicht zu verlieren.

ad 3. Alles, was ich nicht kenne, kann gefährlich sein. Alles, was ich nicht unter Kontrolle habe, kann mir abhanden kommen.

Die sogenannte „Flüchtlingskrise“ zeigt auf, was dieser Glaubenssatz bewirkt: Alles Fremde wird für gefährlich gehalten und tendenziell abgelehnt. Zur Rechtfertigung werden seltsame Konstrukte entwickelt, die die damit verbundenen Ängste rational begründen sollen. Dabei hat Europa immer Wanderungsbewegungen erlebt und davon profitiert. Bei unseren niedrigen Geburtenraten (in Österreich 2015 weniger als 1,4 Kinder pro Frau) gibt es gar keine andere Chance, unseren Wohlstand, unsere Wirtschaft und unsere Sozialsysteme in modifizierter Weise aufrecht zu halten als durch Zuwanderung. Und dass es immer eher die Menschen sind, die wenig oder nichts zu verlieren haben, die bereit dazu sind, selbst unter Lebensgefahr das Wagnis auf sich zu nehmen, in einem anderen Kulturraum bessere Lebensbedingungen zu suchen, ist auch logisch. Also wäre es sinnvoll, alle Energie darauf zu verwenden, deren Integration zu unterstützen, anstatt sie mit viel Geld und politischen Interventionen fernhalten zu wollen.

Erinnern Sie sich an die Forschungsergebnisse von Bruce Lipton und seinen Kollegen: Ein Organismus kann nur entweder im Schutzmodus oder im Entwicklungsmodus sein. Beides gleichzeitig geht nicht. Das heißt konkret, je mehr Energie wir für Abwehr und Schutz aufwenden, umso weniger steht uns für Wachstum auf allen Ebenen zur Verfügung, für Bildung, Kooperation, Bewusstsein. Und das gilt für jeden Organismus, für einzelne Menschen oder Unternehmen genauso wie für größere Gemeinschaften und Staaten.

Dass wir unser Leben wirklich unter Kontrolle haben können, ist eine verbreitete Illusion. In Wirklichkeit könnten wir nicht einmal ein paar Schritte gehen, sollten wir den gesamten Ablauf in unseren Muskeln, Sehnen und Gelenken mit Hilfe unseres Verstandes kontrollieren wollen. Wir müssen uns beim Großteil unserer täglichen Verrichtungen darauf verlassen, dass unsere Intuition, unser Unbewusstes und unser Körperbewusstsein ganz genau wissen, was wie und in welcher Reihenfolge zu tun ist, damit unser Alltag gut gelingt. Gehirnforscher haben in Experimenten herausgefunden, dass keineswegs unser Intellekt alle Entscheidungen trifft, zum Beispiel greift unsere Hand früher nach einem herabfallenden Gegenstand, als das Gehirn den Auftrag dazu gibt.

In vielen Lebensbereichen haben wir längst die Kontrolle abgegeben. Oder wissen Sie wirklich, was in Fertiggerichten oder Medikamenten enthalten ist? Sind Sie imstande, Ihre Nahrung selbst anzubauen oder sie in Wald und Flur zu finden, Ihre Kleidung anzufertigen oder ein Haus zu bauen? Wissen Sie, wie Ihr Handy und Ihr Fernsehgerät funktionieren? Könnten Sie sie reparieren? Können Sie den Wissensstand Ihres Arztes beurteilen? Sind Sie so gut informiert, dass Sie Zeitungsmeldungen auf ihren Wahrheitsgehalt überprüfen können? Oder gar wissenschaftliche Studien?

Können Sie Ihr Herz, Ihre Lungenfunktion und die Verdauung kontrollieren oder fühlen Sie sich eher Ihrem Körper und seinen Funktionen ausgeliefert? Haben Sie Ihre Gefühle und Gedanken im Griff oder überschwemmen Sie diese unerwartet und unbeherrschbar? Zumindest hin und wieder?

Vermutlich haben Sie die meisten Fragen mit Nein beantwortet, und daran ist gar nichts Bedrohliches oder Verwerfliches. Unsere hochspezialisierte, arbeitsteilige Gesellschaft kann nur funktionieren, solange wir uns auf Experten, auf die Einhaltung von ethischen Normen und gesetzlichen Regelungen verlassen können. Und doch dürfen wir uns nicht einlullen lassen. Nach neuesten Untersuchungen sind bis zu 80% aller wissenschaftlichen Studien gefälscht. Das heißt, wir müssen auch hier wiederum zu einer gesunden Balance zwischen Vertrauen und Skepsis, zwischen Liebe und Angst finden. Zu diesem Zweck sind wir gut beraten, unsere intuitive Wahrnehmung zu schulen und sorgsam auf unser „Bauchgefühl" zu achten.

Dazu mag es notwendig sein, unser Denkmodell anzupassen. Schamanen lehren, dass wir im entspannten Zustand durchaus Neuprogrammierungen unserer Glaubenssätze vornehmen können. Im Alpha-Zustand, also bei einer Gehirnstromfrequenz in etwa zwischen 8 und 12 Hertz, haben wir Zugriff auf unser Unbewusstes und können ihm neue Anweisungen geben. Damit ändern wir unsere Gedankenmuster und stellen die Weichen für deren Manifestation in der alltäglichen Wirklichkeit neu. (Diesen Zustand erreichen wir jeden Tag ziemlich mühelos kurz vor dem Einschlafen und direkt nach dem Aufwachen. Nützen Sie ihn!)

Ein paar großartige Vorschläge, um die Angst zu reduzieren und sich wieder sicher und wohl zu fühlen, finden Sie im Folgenden:

Kennen Sie den Namen Hans Rosling? Dieser schwedische Professor für Internationale Gesundheit hat es sich seit Jahrzehnten zur Aufgabe gemacht, den Zustand unseres Heimatplaneten und vor allem der Menschheit zu untersuchen. Hans Rosling hat einen Test entwickelt, von dem er sagt, dass ihn jeder Schimpanse oder Zufallsgenerator besser bestehen würde als die meisten Probanden, unabhängig von ihrem kulturellen Hintergrund. Dabei geht es um die Beurteilung so existenzieller Themen wie Alphabetisierung, Kindersterblichkeit, Geburtenrate, Pro-Kopf-Einkommen, Lebenserwartung, Armut und Naturkatastrophen. Geben Sie im Internet die Begriffe „Hans Rosling“ und „Ignoranz-Test“ ein und machen Sie sich selbst ein Bild. Sie werden sich wundern …

Die Ergebnisse sind einerseits sehr tröstlich und andererseits erschütternd: In europäischen Ländern haben je nach Frage nur 8 bis 20% der Probanden richtig geantwortet, in den USA sogar noch weniger. Noch schlechter waren die Ergebnisse bei Journalisten: Sie kamen durchschnittlich nicht einmal auf 10%. Hans Rosling meint, es gehe der Welt viel besser, als wir glauben, wir sehen es aber nicht. Als Grund dafür benennt er „eine toxische Mischung aus Ignoranz und Arroganz“.

Drei Quellen der Fehl- oder veralteten Information lassen sich benennen:

1. Wir tragen immer noch den Wissensstand aus unserer Kinderzeit in uns. Wir halten den kleinen Teil der Welt, in dem wir aufgewachsen sind, nach wie vor für repräsentativ für die Welt als Ganzes, obwohl er das überhaupt nicht ist.
2. An unseren Schulen wird längst überholtes Wissen weitergegeben. Bis wissenschaftliche Forschungsergebnisse und neue Informationen in unseren Schulbüchern oder bei Lehrern ankommen, vergehen Jahrzehnte.
3. Journalisten haben generell den Fokus auf negativen Schlagzeilen, auf Ereignissen, die selten, aber spektakulär sind. „Bad news are good news“ besagt eine Journalistenregel. „Heuer wieder keine Hungersnot in Österreich“ ist eine Meldung, die keinen professionellen Schreiberling interessiert. Und wahrscheinlich auch keinen durchschnittlichen

Zeitungsleser. Daher haben Journalisten beim Ignoranz-Test bei weitem schlechter abgeschnitten als die übrige Bevölkerung.

So entsteht in den meisten Köpfen ein ziemlich unerfreuliches Bild von der Welt und einer noch unerfreulicheren Zukunftsperspektive. Diese falsche Vorstellung zu überprüfen und zu korrigieren, ist nicht ganz leicht. Dankenswerterweise hat Hans Rosling neben seiner wissenschaftlichen Qualifikation Entertainerqualitäten. Hören Sie ihm zu, das ist heilsam gegen die Angst!

Der Evolutionsforscher Steven Pinker hat herausgefunden, dass auch die Gewalt immer mehr abnimmt. Er schrieb: „Gewalt ist im Laufe der Geschichte immer weiter zurückgegangen. Und zwar alle möglichen Formen der Gewalt: Kriege, Morde, Folter, Hinrichtungen, Vergewaltigungen, häusliche Gewalt. Diese Dinge gibt es natürlich noch immer. Aber wir dürften heute in der friedlichsten Epoche leben, seit unsere Spezies existiert." Auch das hätten Sie nicht vermutet, oder? Wo uns doch die Medien Tag für Tag das Gegenteil suggerieren … (Eine Empfehlung am Rande: Betreiben Sie Psychohygiene! Vermeiden Sie Nachrichtensendungen im Fernsehen! Bilder – leider auch manipulierte – haben eine starke Wirkung auf unser Unbewusstes. Und überlegen Sie sich gut, ob Ihnen das Lesen von Tageszeitungen wirklich hilft, Ihren Alltag gut zu bewältigen!)

Warum ist das so? Wer hat einen Vorteil davon, dass wir uns fürchten? Dazu will ich mich nicht äußern, das überlasse ich Ihrer persönlichen Beurteilung. **Kluge Köpfe haben herausgefunden, dass es keine erfolgreichere Methode gibt, Menschen zu manipulieren, als sie in Angst zu versetzen. Da braucht es gar keine weiteren Kontrollen**

und Machtdemonstrationen mehr. Menschen in Angst schwächen sich selbst, verlassen sich nicht mehr auf ihre eigene Wahrnehmung, setzen sich selbst gefangen. Und laufen wie die Ratten von Hameln jedem hinterher, der ihnen verspricht, die Verantwortung zu übernehmen und sie in eine bessere Zukunft zu führen. Ob diese Ansage plausibel und glaubwürdig sein kann, wird nicht mehr überprüft.

Darum kann man nicht oft genug darauf hinweisen, dass Angst die Liebe behindert, dass unsere geistige Entwicklung, unser Zugang zur Kreativität, unsere Lebensfreude dadurch gestört sind. So bleiben wir in unseren „engen“ Denkmustern gefangen, finden keine neuen Wege und Lösungen, sind unfähig, einander zu vertrauen, und als kleine Einzelkämpfer leichter zu beeinflussen und zu beherrschen.

Natürlich ist ein gewisses Maß an Angst überlebenswichtig, es handelt sich sozusagen um unsere Alarmanlage, die uns vor gefährlichen Situationen bewahrt. Aber das sind nur hin und wieder bemerkbare, kurze Impulse. Sobald die Angst ein Dauerzustand wird, richtet sie immensen Schaden im Menschenleben an, der größte Nachteil ist: „Angst essen Seele auf“. (Kennen Sie den Film von Rainer Werner Fassbinder?)
Auch in der Bibel kommt deshalb kein Satz öfter vor als dieser: „Fürchtet euch nicht!“ 366 Mal ist er da zu finden.

Eine gute Methode, der Angst zu begegnen und sie zu relativieren, besteht auch darin, sich ihr zuzuwenden und sie zu untersuchen: Was ist das Schlimmste, was Ihnen in einem bestimmten Lebensbereich passieren kann? Sobald Sie die Angst benennen, sie aus dem Numinosen herauslösen, verliert sie augenblicklich an Macht. Auch in der europäischen magischen Tradition wurde und wird gelehrt, dass das Beim-Namen-Nennen immer auch ein „Bannen" des Bedrohlichen ist. Sobald Sie etwas benennen können, begeben Sie sich aus der hilflosen Position wieder in eine machtvolle, Sie können sich zur Wehr setzen. Im Märchen vom Rumpelstilzchen hat sich dieses Wissen erhalten: „Oh, wie gut, dass niemand weiß, dass ich Rumpelstilzchen heiß' …" Als das kleine Männchen aber belauscht und sein Geheimnis aufgedeckt wurde, war sein Anspruch auf das Kind der Königin verwirkt.

Wenn Sie Ihre Kinder lieben, machen Sie ihnen keine Angst. Erzählen Sie ihnen nicht, die Welt sei schlecht und gefährlich. Das ist erstens falsch und trägt zweitens nicht dazu bei, sie in ihrer Entwicklung zu starken, selbstbewussten Erwachsenen, die sich ihrer Fähigkeiten bewusst sind und sie gerne zum Wohl der Gemeinschaft einsetzen, zu fördern. Machen Sie sie auf Fallen und Hindernisse aufmerksam und zeigen Sie ihnen, wie man Herausforderungen bewältigt. „Do the good, but know the bad" geben hawaiianische Eltern ihren Kindern mit auf den Lebensweg. Sie bringen ihnen bei, sich selbst und alle Wesen zu respektieren, und trauen ihnen zu, ihren eigenen Weg zu finden. Denn nichts schützt besser gegen Angst als Liebe und Vertrauen.

Sibirische Schamanen sagen: „Du musst die Trommel reiten, sonst reitet die Trommel dich!" In unseren Themenkreis übersetzt heißt das: Wir müssen die Angst „reiten" (steuern und beherrschen), sonst reitet die Angst uns. Solange Sie also Herr oder Herrin über die Angst sind, sie als Werkzeug benutzen zum Besten von allen, kann sie die Wahrnehmung der im Universum immer und in allem wirkenden Liebe weder hindern noch stören. Nur darum geht es im Grunde!

Freiheit ist nicht so einfach zu leben

Ein heikles Thema gilt es nun im Zusammenspiel mit dem Gesetz der Polarität zu betrachten. Um ein wenig Klarheit hinein zu bringen, habe ich in meinem Umfeld eine Umfrage dazu gestartet. Vor allem wollte ich wissen, was denn als Gegenpol der Freiheit gilt. Die Antworten waren vielfältig und komplex, je nachdem, welcher Lebensbereich gerade in den Fokus genommen wurde: Beschränkung, Determinierung, Abhängigkeit, im Gegensatz zu Offenheit, Unabhängigkeit, Selbstbestimmtheit.

Die UN-Charta der Menschenrechte, veröffentlicht im Jahr 1948, beginnt mit diesem Satz: „Alle Menschen sind frei und gleich an Würde und Rechten geboren." Dass es sich dabei um die Beschreibung einer Utopie, vielleicht eine Absichtserklärung, handelt, aber nicht um gelebte Realität, ist Ihnen allen natürlich klar. Und doch bleibt unbestritten, dass die Freiheit ein hohes Gut ist, um das es auch schon bei der Französischen Revolution gegangen ist.

Trotzdem stellt sich die Frage, ob es sie pur, quasi in Reinkultur, überhaupt geben kann. Ich denke, nein. Freiheit ist immer ein relativer, persönlich zu definierender Begriff. Ja, ich könnte sogar sagen, Freiheit ist eine Illusion. Schließlich sind wir alle an viele Umstände und Konstellationen gebunden, die wir im Zusammenleben berücksichtigen müssen, wenn letzteres für alle Beteiligten zufriedenstellend gelingen soll.

Schamanisch betrachtet, entscheidet sich eine Seele für ganz bestimmte Determinanten wie die genetischen und sozialen Gege-

benheiten in der Familie, in der sie in einem neuen Körper inkarniert. Zudem löst auch die energetische Konstellation zu Beginn dieses neuen Erdenlebens eine Art Mechanik aus. Es ist so, wie wenn wir in einem Zug von einer bestimmten Art und Größe mit bestimmten Mitreisenden (unseren Ahnen und allem, was sie an Information in sich tragen) an einem bestimmten Zeitpunkt vom Gleis X eines bestimmten Bahnhofs aus zu einer Fahrt starten. Alle diese Faktoren haben Einfluss darauf, wie sich diese Reise gestalten wird. Möglicherweise haben wir, oder besser unser unsterblicher Anteil, vor unserer Inkarnation die Wahl, mit welchem Zug wir in welche Richtung aufbrechen wollen, um dabei genau die Lernerfahrungen zu machen, die gerade anstehen. Sobald wir aber eingestiegen sind und sich der Zug in Bewegung gesetzt hat, stehen bereits etliche Determinanten für unser nächstes Erdenleben fest.

Auch im weiteren Verlauf unseres Lebens kommen wir immer wieder an Punkte, an denen wir bewusst oder unbewusst Entscheidungen treffen, mit deren Konsequenzen wir dann möglichst liebe-, verantwortungs- und lustvoll zurechtkommen müssen. Wenn wir uns an einen Partner, eine Partnerin binden, hat das Folgen. Nicht für immer vielleicht, aber doch. Noch deutlicher wird das, wenn wir Kinder zeugen und gebären. Sofern wir uns nicht dazu entschließen, die daraus entstandenen Verpflichtungen zu ignorieren (was auch wieder Konsequenzen nach sich zieht), werden solche Verbindungen für etliche Jahre die Gestaltung unseres Alltags prägen.

In anderen Lebensbereichen geht es ähnlich weiter, unsere Berufswahl, unser Wohnort, eigentlich jede noch so banale Festlegung führt zu einer Reihe von ganz besonderen Umständen und Ereignissen. Was nicht bedeutet, dass wir es dabei belassen müssten. Die meis-

ten Entscheidungen lassen sich zwar nicht ungeschehen machen, aber doch revidieren. Das heißt, wir können sie überdenken und gegebenenfalls die Weichen für unseren Lebenszug neu stellen.

An jedem Tag unseres Daseins wählen wir zwischen verschiedenen Möglichkeiten, wobei wir allerdings die weit überwiegende Zahl an Faktoren unbewusst aussuchen. Wir könnten gar nicht überleben, wenn wir uns nicht auf gelernte Routinen und die klugen Entscheidungen unseres Unterbewusstseins verließen. Das Leben wäre zu mühsam. Einen kleinen Eindruck davon, was es heißt, alles und jedes nach „vernünftigen" Kriterien abwägen zu wollen, vermittelt Mister Monk in der gleichnamigen Fernsehserie. Mister Monk macht sich selbst das Leben unendlich schwer, weil er jede seiner Entscheidungen mehrfach überprüft, relativiert und immer wieder – auch mehrfach – rückgängig macht. Die Beweggründe sind für seine Umgebung meistens nicht nachvollziehbar, der Mann wird daher von seiner Umwelt entweder für ein Genie oder – meistens – für völlig durchgeknallt gehalten.

Und was bedeutet das nun? Sind nur bewusst getroffene Entscheidungen selbstbestimmt? Oder bilden wir uns überhaupt nur ein, dass wir eine gewisse Freiheit genießen? Und wie geht sich das alles mit den auf diesem Planeten gültigen Gesetzmäßigkeiten aus? Stand da nicht in früheren Kapiteln zu lesen, dass das Gesetz der Polarität immer wirksam ist und dass es kein Entwischen gibt?

Eine Freundin, die unter einer kommunistischen Diktatur aufgewachsen ist, hat mir eine Interpretation angeboten, die mir plausibel erscheint: **Freiheit bedeutet die Möglichkeit, in allen Lebensbereichen ohne**

Zwang zwischen unterschiedlichen Alternativen wählen und entscheiden zu können. Das ist für sie ein hoher Wert, weil sie ja in ihrer Jugend erfahren hat, was es heißt, keine Wahl zu haben. Alles wurde oktroyiert, nicht einmal den Zahnarzt konnte man wechseln, wenn man mit einer Behandlung nicht zufrieden war. Und schon kleinen Kindern wurde vorgeschrieben, worüber sie wie zu denken hatten. Aber um einen Weg frei wählen zu können, muss man wissen, was es denn alles an Möglichkeiten gibt. Daher hat es natürlich zu den Strategien des Regimes gehört, den freien Informationsfluss zu unterbinden und die Köpfe der Bürger nur mit gefilterten, regierungskonformen Mitteilungen vollzustopfen. Selbständiges Denken ist auch heute noch nicht überall in der Welt erwünscht und wird keineswegs in allen angeblich freien Gesellschaften gefördert. Bücher und Internet werden vielerorts nach wie vor für gefährlich gehalten.

Freiheit heißt also, immer die Wahl zu haben. Streng genommen könnte ich behaupten, wir sind immer frei, uns zwischen verschiedenen Möglichkeiten zu entscheiden. Serge King hat einmal gesagt: „Du bist frei zu wählen, was auch immer du willst, aber du bist gleichzeitig auch frei, die entsprechenden Konsequenzen auf dich zu nehmen." Selbst unter einer autoritären Herrschaft kann ich mich entscheiden, entweder zu kuschen, mich anzupassen und dabei vielleicht meine Überzeugungen zu verraten oder mich eben doch aufzulehnen und mir unangenehme, schmerzhafte Konsequenzen einzuhandeln. So oder so kann eine Entscheidung schwerwiegende Folgen haben, manchmal hat man zu Recht das Gefühl, nur zwischen Pest und Cholera wählen zu dürfen. Und doch ist es wichtig zu entscheiden, um selbstbestimmt zu bleiben und nicht in eine Opferposition hineinzurutschen, wenn über einen hinweg entschieden wird. Eine der möglichen Alternativen tritt ja doch immer ein, und es könnte sein, dass ohne eigenes Zutun die Lage nur noch schlimmer wird.

Andererseits gibt es viele Beispiele dafür, dass mutige, aufrechte Menschen selbst unter dem Einfluss einer menschenverachtenden Gerichtsbarkeit nicht gebrochen worden und gestärkt daraus hervorgegangen sind. Von Nelson Mandela war schon die Rede …
Erinnern Sie sich an Timothy Leary, der als Harvard-Dozent für Psychologie mit bewusstseinsverändernden Drogen experimentiert hat und dafür zu zehn Jahren Gefängnis verurteilt worden ist? Nach seiner Entlassung staunten seine Anhänger über sein gesundes, kraftvolles Aussehen. Leary hatte die Zeit genützt, um sein Bewusstsein ganz ohne chemische Hilfsmittel zu erweitern. Er formulierte „Zwei Gebote für das Molekulare Zeitalter“, die nicht nur in Bezug auf den Gebrauch von Drogen zu verstehen sind. Sie beziehen sich auch auf die Manipulation durch Massenmedien, Politiker und Gruppenzwang:

> „Du sollst das Bewusstsein deines Nächsten nicht verändern.“
> „Du sollst deinen Nächsten nicht daran hindern, sein oder ihr Bewusstsein zu verändern.“

Auch in weniger extremen, alltäglichen Situationen wird die zweite Hälfte des weiter oben zitierten Satzes von Serge King gerne ausgeblendet. **Bewusst beabsichtigt oder nicht, was auch immer wir denken, sagen oder tun, löst eine Reihe von Folgeerscheinungen aus. Es gehört zum Leben eines verantwortungsbewussten Menschen, sich diesen Konsequenzen zu stellen und damit nach bestem Wissen umzugehen. Sich darüber zu beklagen oder sie zu verweigern, hilft wenig. Zur Freiheit gehört eben auch, die selbst ausgelösten Folgen**

anzunehmen. Jeglicher Widerstand gegenüber einer Situation, die aus einer getroffenen Wahl erwachsen ist, macht es nur schwerer, damit fertig zu werden. Ändern tut sich dadurch nichts!

Das kann bedeuten zu akzeptieren, dass das Zusammenleben mit anderen Wesen, seien sie aus der Menschen-, der Tier- oder der Pflanzenwelt, nicht nur Freude, sondern manchmal auch Mühe macht. Auf die Freude über ein gesundes Neugeborenes folgen oft schlaflose Nächte, volle Windeln, Einschränkungen in der Freizeitgestaltung und ständige Fürsorge für Jahre. Der heißgeliebte Vierbeiner braucht Futter, Zuwendung und Pflege. Und auch für berufliche Entscheidungen gilt, dass selbst der Traumberuf Schattenseiten hat, dass nicht jede Herausforderung leicht zu bewältigen ist und nicht jede Anstrengung zum Erfolg führt. Zudem haben Menschen manchmal einfach keine Lust, pflichtbewusst aufzustehen und das Notwendige zu erledigen. Wohl dem, der sich seiner frei getroffenen Entscheidung bewusst bleibt und die Verantwortung für die weniger angenehmen, polaren Aspekte nicht irgendeinem Außenfeind zuweist! In anderen zu bekämpfen, wofür man selbst nicht gerade stehen mag, macht das Leben schwer und die Probleme kaum noch lösbar. Sobald ich mich als Opfer unerfreulicher Umstände betrachte, definiere ich mich als machtlos und ausgeliefert und kann selbst nichts mehr korrigieren.

„Freiheit heißt zu wollen, was man muss.“ Das ist mein Lieblingssatz zu diesem Thema, der überhaupt nichts mit Resignation zu tun hat, wie Sie gleich bemerken werden, sondern nur mit dem sorgfältigen Umgang mit meinem eigenen Energiehaushalt. Für mich bedeutet er zu unterscheiden, ob ich auf eine bestimmte Konstellation Einfluss nehmen kann oder nicht. Im ersten Fall kann ich

meine Gestaltungsmöglichkeiten wahrnehmen und wirksam werden lassen, im zweiten kann ich mich einer vorgegebenen Situation freiwillig aussetzen oder auch nicht. Der Philosoph Georg Wilhelm Friedrich Hegel hat den Freiheitsbegriff schon vor über 200 Jahren definiert als „Einsicht in die Notwendigkeit". Falls ich also zu dem Schluss komme, dass sich bestimmte Umstände auf meinem Weg nicht vermeiden lassen, fokussiere ich mich darauf, den Widerstand aufzugeben und diese Strecke mit möglichst wenig Reibungsverlust hinter mich zu bringen.

Bei Filmdreharbeiten hatte ich öfter mit einem Regisseur zu tun, der dafür eine gute Methode entwickelt hat. Wann immer ein Requisit, ein Detail im Szenenbild trotz größter Bemühungen der Crew nicht genau den Vorgaben gemäß aufzutreiben oder herzustellen war, entschied er sich für die allerzweitbeste Lösung mit dem Satz: „Gut, dann hab' ich mir immer schon ganz genau das gewünscht, was ich jetzt bekommen kann."

Einige Aufmerksamkeit möchte ich auch noch einer weiteren Überlegung widmen: **Man kann die Freiheit quasi in zwei Richtungen betrachten. Es gibt die „Freiheit von etwas", bei der der Blick nach hinten, in die Vergangenheit gerichtet ist„ und die „Freiheit für etwas", die sich hauptsächlich an einem zukünftigen Ziel orientiert. Die meisten Menschen, die sich um Hilfe an mich wenden, wollen sich von etwas befreien: von einer abgekühlten Liebesbeziehung, von einer belastenden Partnerschaft, von schwerer Krankheit, von Streitigkeiten in der Familie, von Abhängigkeit, von Geldsorgen, Missachtung, Frustration, Mobbing oder anderen beruflichen Querelen, und so fort. Alle diese Personen frage ich, was sie denn vorha-**

ben, was sie am liebsten tun wollen, wenn das Problem endlich gelöst ist. Und ich ernte immer wieder verständnislose Blicke und große Verwunderung. „Zuerst muss ich wieder gesund sein, dann überleg' ich mir, wie's weitergehen soll." – „Wenn ich diesen Mann, diese Frau erst los bin, wird sich schon was ergeben ..." – „Wenn ich endlich genug Geld hab', denk' ich drüber nach. Wozu jetzt schon?" So oder ähnlich lauten die Antworten.

Im Kapitel über die Unvollkommenheit habe ich den Vergleich zwischen unserem Leben mit einer Reise gewählt, um klarzumachen, dass es immer zwei Stationen, einen definierten Start- und einen Zielpunkt braucht, um die Reiseroute festzulegen, ihr mehr oder minder exakt zu folgen und das Ziel auch wirklich erreichen zu können. Menschen, die nur von etwas befreit sein wollen, fehlt meistens beides: Weder sind sie sich im Klaren darüber, wo sie sich gerade befinden und wie sie dorthin gelangt sind (meistens wollen sie das gar nicht so genau wissen), noch haben sie eine Idee davon, was sie mit ihrem Leben machen wollen, wenn das angebliche Hindernis endgültig verschwunden ist.

Kürzlich hat mir eine Freundin von einer Bekannten erzählt, die sich unbedingt von ihrem Mann trennen wollte, um sich „endlich selbst zu verwirklichen" (wörtliches Zitat!). Anscheinend war nicht herauszufinden, was sie darunter verstand, und schon gar nicht, wie sie sich all die „irdischen" Details dazu vorstellte. Nur weg, dann wird alles besser! Der Ehemann war ziemlich verstört, da er seine Ehe durchaus nicht als gescheitert betrachtete, ließ sie aber ohne Kämpfe ziehen, weil man Reisende bekanntlich nicht aufhalten soll. Fazit: eine frustrierte, unglückliche Frau ohne attraktive Vision und ein verlassener Mann, der sichtlich aufblüht.

(Natürlich gibt es quälende, belastende, demütigende Lebenssituationen, denen Menschen verständlicherweise entfliehen wollen. Darüber besteht ja gar kein Zweifel. Und selbstverständlich ist es für diese Menschen erste Priorität, ihr Leben, ihre Familie und ihre Menschenwürde zu retten. Diese Personen haben wohl keine freie Kapazität für tiefschürfende Selbstreflexionen, allerdings würden sie höchstwahrscheinlich auch keine nebulosen Formulierungen wie die von der Selbstverwirklichung verwenden. Ich hoffe, Sie haben Verständnis dafür, dass ich diesen Einwurf so stehen lasse und nicht weiter darauf eingehe.)

Vor einigen Jahren habe ich im Rahmen des AMS (Arbeitsmarktservice) mit Langzeitarbeitslosen gearbeitet, die mir zugestanden haben, dass sie ihre berufliche Tätigkeit gering geschätzt hatten, solange sie ein Teil ihrer alltäglichen Wirklichkeit war. Sie hatten Arbeit vermieden, wo immer es ging, und nur auf den Urlaub und auf ihre Pensionierung gewartet, die sie von der ungeliebten Strapaze endlich befreien sollte. Und sie haben ebenso zugegeben, dass sie erst jetzt erkannt haben, was sie mit der Arbeit alles verloren haben: Kontakt mit Kollegen, interessante Aufgaben, Befriedigung nach einer vollbrachten Leistung, ein angesehener Platz in der Gemeinschaft, Weiterbildung, Strukturierung des Alltags und Selbstbewusstsein. Die Menschen waren überzeugt davon, dass sie leider zum Arbeiten gezwungen waren, um ihr Leben zu finanzieren, dass eben diese Arbeit sie aber an den wirklich schönen Dingen des Lebens gehindert habe, und dass alles besser wäre, wenn sie endlich davon befreit wären. Die Erkenntnis nach dem Verlust der „täglichen Fron“ war schmerzhaft. Auch diese Menschen hatten sich nie damit befasst, was ihrem Leben außerhalb des Arbeitsalltags Sinnhaftigkeit verleihen könnte. Sie wollten nur weg von etwas. Das Gleiche gilt im übrigen auch für Pensionisten, auch die merken bald, dass lange schlafen und jederzeit verreisen können auf Dauer nicht zum Glück reichen.

Besonders häufig begegnet mir diese rückwärts gewandte Haltung bei Menschen mit schweren Erkrankungen. Natürlich sagen die allermeisten Patienten, sie möchten gerne gesund werden. Aber ist das auch ihre tiefe innere Wahrheit? Was sind sie bereit, dafür zu tun oder zu verändern? (Noch einmal erinnere ich Sie an Walter Russells Aussage, die besagt, dass die Wunschkraft allein nicht ausreicht, sondern dass es auch die Bereitschaft braucht, das zum Erreichen des Ziels Notwendige zu tun.) Meiner Erfahrung nach hapert es bei den meisten Erkrankten daran, sie möchten gesund werden und möglichst schnell genau da weitermachen, wo sie zuletzt gestanden sind.

Das ist aber eine Vorstellung, die im Widerspruch zu jeder logischen Überlegung steht. Schon Albert Einstein hat gemeint: „Probleme kann man niemals mit der gleichen Denkweise lösen, durch die sie entstanden sind." Oder um wiederum mein bevorzugtes Bild von einer Zugreise als Anschauungsmaterial zu nützen: Wie ein Mensch bisher unterwegs war, welchen Zug in welche Richtung er bestiegen hat und wie lange er drinnen sitzen geblieben und mitgefahren ist, das hat ihn – ganz ohne Bewertung festgestellt – an den Ort auf dem Weg gebracht, an dem er sich gerade befindet. Ein schwerkranker Mensch ist also Richtung Lebensende unterwegs, die gegenwärtige Station heißt vielleicht Krebsdiagnose oder Krankenhaus. Das bedeutet, dass nur eine deutliche Richtungsänderung, vielleicht das Umsteigen in einen ganz anderen Zug mit anderem Tempo, anderer Richtung und anderen Mitreisenden, die betreffende Person wieder näher an Stationen wie Weiterleben, Gesundheit und Altwerden heranbringen kann. Dazu ist es aber empfehlenswert, sich zuallererst um ein neues Ziel umzuschauen, eines, das es sich anzustreben lohnt.

Und nun habe ich Sie an den Punkt geführt, auf den es mir ankommt: das zu definierende Ziel. **Ich bin fest davon überzeugt, dass sich „Gesundwerden“ an sich nicht lohnt, wenn es nicht eine Perspektive für ein sinnvolles, erfülltes Leben eröffnet.** Gesund zu werden, nur um dann in den gleichen alten Trott, an den gleichen frustrierenden Arbeitsplatz, in das gleiche lieblose Zusammenleben zurückzukehren, kann doch keine heilsame, anziehende Vorstellung sein, oder? Also geht es darum, als Allererstes die Gedankenmuster und Glaubenssätze zu verändern, sich dadurch neue Möglichkeiten zu erschließen und eine attraktive Vision von einem neuen, gesunden Leben zu kreieren. Francis Picabia, ein französischer Schriftsteller und Maler, hat diese allen offen stehende Möglichkeit so beschrieben: „Unser Kopf ist rund, damit das Denken die Richtung wechseln kann.“

Carl Simonton, der auch hierzulande vielen Menschen durch seine spezielle Krebstherapie bekannt ist, in der er mit großem Erfolg Methoden der Schulmedizin mit solchen aus schamanischen Traditionen kombinierte, hat auch herausgefunden, wie wichtig diese Richtungsänderung ist. Er befragte Patienten immer genau nach ihren Vorstellungen von einem neuen Leben in wiedergewonnener Gesundheit. Und wenn diese ihm schilderten, dass sie ihr bisheriges Konzept beizubehalten, weitere Filialen zu eröffnen und Konkurrenten auszustechen planten, meinte er nur: „Unter diesen Umständen würde ich auch lieber sterben.“ Zur Freiheit gehört natürlich auch die, sich „falsch“ zu entscheiden. Carl Simonton ließ den Menschen die Wahl und war bereit, sie auf jeden Fall zu begleiten und zu unterstützen, ob sie sich nun eine Richtungsänderung vorstellen konnten oder nicht und den bereits eingeschlagenen Weg zu Ende gehen wollten.

Es geht also darum, „frei für etwas“ zu werden. Frei für eine neue private Beziehung, für die liebevolle Betreuung von Familienangehörigen, für ein neues berufliches Projekt, für ein Leben, das dem Dienst an bedürftigen Mitmenschen oder anderen Kreaturen gewidmet ist, für ein Leben in Gesundheit, Selbstachtung und Zufriedenheit, für die Kunst, für Erfindungen, deren Zeit gekommen ist, für die Freude, das Genießen, für Wertschätzung und Dankbarkeit für all das Gute, das wir bereits haben. Damit meine ich, das Ziel muss den Aufwand wert sein, den Neuausrichtung und Veränderung erfordern. Ist das Ziel attraktiv genug dafür, wird es auch nicht schwer fallen, den Weg dorthin zu finden und ihn auch bei Wind und Wetter nicht aus den Augen zu verlieren. Diese Erkenntnis ist nicht neu, schon vor mehr als 2500 Jahren schrieb Laotse: „Nur wer sein Ziel kennt, findet den Weg.“

Freiheit ist ein relativer Begriff, ein Wert, der sich ohne seinen Gegenpol nicht definieren lässt. Und wie das halt so ist mit der Polarität, finden wir uns auch hierbei irgendwo zwischen den Polen wieder. Freiheit pur kann es, wie gesagt, auf diesem Planeten nicht geben, ebenso wenig wie es vollkommene Abhängigkeit oder Fremdbestimmtheit gibt, zumindest nicht, so lange wir Menschen als komplexe Wesen mit Körper, Seele und Geist begreifen. Den menschlichen Geist kann niemand dadurch gefangen setzen, dass der Körper keinerlei Bewegungsfreiheit mehr hat.

Da schon in früheren Jahrhunderten Diktatoren und absolutistische Machthaber erkannt haben, wie machtvoll der menschliche Geist ist, waren sie immer bestrebt, ihre Widersacher von ihren geistigen Quellen abzuschneiden. Deshalb verfolgten sie Lehrer und andere Intellektuelle und verbrannten Bücher. Als erfolgreichste Strategie hat sich aber, wie bereits erwähnt, das Verbreiten von Angst erwiesen, sie führt dazu, dass Menschen sich selbst „freiwillig" ihrer geistigen Freiheit und damit aller Hoffnung berauben und beginnen, sich in dem bescheidenen, beschränkten Gehäuse, das ihnen die Herrschenden anbieten, einzurichten.

Ja, das hohe Ideal der Freiheit beruht zum Teil auch auf einer Illusion, wir sind natürlich vielfältig abhängig: von Lebensumständen und Körperfunktionen, von Mitmenschen und geografischen Gegebenheiten, von Bildungssystemen und Gesellschaftsstrukturen und vielem mehr. Aber es lohnt sich immer, die bestehenden Möglichkeiten auszuloten und abzuwägen, auf welche Freiheiten wir verzichten können, ohne unser Menschsein zu verraten, beziehungsweise welche wir für unverzichtbar halten und wie hoch unser Einsatz dafür sein kann und muss.

Eine Freundin hat mich gefragt, ob mir irgendetwas einfällt, wobei wir keinerlei Wahlfreiheit haben, keine Wahl zwischen unterschiedlichen Möglichkeiten. Was auch immer ich anführte, fiel ihr eine Alternative dazu ein, die es zumindest theoretisch geben könnte, wobei manche davon einen hohen Preis gekostet hätten. So meinte sie, dass es auch die Möglichkeit gäbe, ein Kind zur Adoption freizugeben, ein Land zu verlassen, andere Arbeit, wenn auch vielleicht unqualifizierte, zu finden und das eigene Leben absichtlich zu beenden. Da man sogar unsere menschliche Sterblichkeit als Resultat unserer Entscheidung zu einer Inkarnation auf Mutter Erde betrachten kann, haben wir uns darauf geeinigt, dass wir für unser Verständnis immer relativ frei sind und im Übrigen diese Frage lieber professionellen Philosophen zur Klärung überlassen.

Eine Grenze der individuellen Freiheit lässt sich aber doch als Richtlinie auffassen, wenn unser Leben in Gemeinschaft gelingen soll: Unsere persönliche Freiheit endet dort, wo entweder unsere persönlichen Wertvorstellungen verletzt oder die Freiheit anderer durch unseren Anspruch eingeschränkt werden könnten. Das heißt, Freiheit ist auch an Verantwortung gebunden, an Verantwortung für das eigene Wohl und die eigene Entwicklung ebenso wie für das Gedeihen anderer. Solange wir uns „freiwillig" dafür entscheiden, unseren Heimatplaneten und alle seine Bewohner mit Respekt und Wertschätzung zu behandeln, bleiben wir trotzdem selbstbestimmte, machtvolle Wesen.

Achten Sie darauf, dass Sie der Freiheit gewachsen sind, wenn sie unvermutet über Sie hereinbricht! Damit es Ihnen nicht so ergeht wie den jungen Eltern eines Dreijährigen, der im Kindergarten beschloss, seine Kindergärtnerin übers Wochenende zu einem Spielpädagogentreffen zu begleiten. Eine Tasche mit den notwendigen Utensilien sollte man ihm zum Bahnhof bringen, er wollte vor der Abreise gar nicht mehr heimkommen. Die Eltern in aufrechter 68er-Haltung ließen dem Kind seine Freiheit, waren allerdings völlig überzeugt davon, dass der Knabe einen Rückzieher machen werde, sobald es ernst werden würde. Und so standen sie nun auf dem Bahnsteig und warteten auf den Sinneswandel des kleinen Abenteurers, schließlich war er noch nie ohne einen Elternteil unterwegs gewesen.

Sie warteten vergeblich, der Sohn winkte vergnügte aus dem abfahrenden Zug. Allmählich dämmerte den Eltern, dass sie nun fast drei Tage lang „frei“ hatten, sie konnten sich ihre Zeit nach Belieben einteilen. Tausend Ideen tauchten auf, alles, was eben in den letzten Jahren beiseite geschoben worden war, wollten sie gleichzeitig erleben. Am Ende gab es nur Streit. Am Sonntagabend waren zwei erschöpfte Erwachsene froh, wieder in die gewohnten Alltagsstrukturen zurückkehren zu können – so viel Freiheit hatte sie total überfordert!

„Es ist nicht weise,
seiner eigenen Weisheit zu sicher zu sein.
Es ist gesund, sich daran zu erinnern,
dass die Starken schwach werden
und die Weisen sich irren.“

Mahatma Gandhi

Rechthaber und Besserwisser

Haben Sie schon einmal gehört, warum das Atom so heißt? Das Wort kommt aus dem Griechischen (ἄτομος) und bedeutet „unzerschneidbar". Schon im 5. Jahrhundert vor Christus gab es eine philosophische Schule, die davon ausging, dass die materielle Welt aus kleinsten Teilchen, den Atomen, zusammengesetzt sei, die nicht weiter zerlegt werden könnten. Ende des 18. Jahrhunderts wurde dieser Begriff von den Vätern der modernen Chemie übernommen, da sie über keine Methoden verfügten, Atome weiter zu zerteilen. Und so ist es geblieben, obwohl heutzutage schon jedes Schulkind davon gehört hat, dass man einen Atomkern spalten kann (Kernspaltung ist die technologische Basis der Atomenergienutzung, aber auch der Atombombe). Und wenn wieder ein neues subatomares Teilchen nachgewiesen wird, sind alle Medien voll davon. Also leben wir ganz selbstverständlich mit falschen, zum Teil sogar absurden Begriffen. (Die Spaltung eines Atomkerns bedeutet eigentlich, etwas Unteilbares doch zu teilen.)

Aus dem Bereich der Naturwissenschaften ließen sich noch viele Beispiele anführen, die zeigen, wie frühere Postulate von neueren Erkenntnissen widerlegt worden sind, das ist schließlich das Wesen aller Forschung. Sogar die wesentlichen wissenschaftlichen Leistungen, für die Nobelpreise verliehen werden, haben nur eine Halbwertszeit von circa zwei Jahren. Das heißt, zwei Jahre später sind diese Meilensteine schon nicht mehr das Nonplusultra, es sind bereits andere Forscher daran vorbeigezogen und zu neueren, oft widersprüchlichen Ergebnissen gelangt.

Korrekterweise kann man also immer nur feststellen, was gerade dem Kenntnisstand in einer wissenschaftlichen Disziplin entspricht, man sollte diesen aber nicht als Wahrheit verkaufen. Leider passiert sehr oft das Gegenteil, in vielen Wissensgebieten geht es offensichtlich viel mehr um Ideologie und geschäftliche Interessen, die die jeweiligen Vertreter an längst überholten Sichtweisen und Methoden festhalten lassen, als um die reine Erkenntnis und deren Umsetzung zum Besten von allen.

Ein leuchtendes Beispiel für korrekten Umgang mit ihrem Fach stellen zumindest über große Strecken die Physiker dar. Physiker stellen Hypothesen auf, die oft das Ergebnis von rein rechnerischen Ableitungen sind. Und dann sind alle Kollegen weltweit aufgerufen, diese Annahmen zu beweisen oder auch zu widerlegen. Sobald es jemandem gelungen ist, schlüssig den Gegenbeweis zu liefern, ist die Hypothese gestorben. Niemand versucht sie wiederzubeleben, weil es doch so schön wäre, wenn sie noch gälte.

In der Medizin ist die Vorgangsweise eine ganz andere, jedes momentan gültige Forschungsergebnis führt zu neuen Produkten der Medizintechnik- und Pharmaindustrie, die sich die Unsummen, die sie bisher investiert hat, zurückholen und – zu Gunsten ihrer Aktionäre – noch ein Vielfaches dazu verdienen will. Also darf ein Ergebnis, das diesen Prozess unterbricht, einfach nicht vorkommen. Im Notfall werden einfach Patente aufgekauft, um neue Produkte zu verhindern. Und Patienten werden mit Methoden behandelt, deren mangelhafte Wirksamkeit oder deren überaus schädliche Nebenwirkungen längst bekannt sind. Und das alles wird auch noch als medizinische „Wahrheit" verkauft.

Claudia Wild, die Leiterin des Ludwig-Boltzmann-Institutes für Medizinfolgenabschätzung, einer staatlichen Stelle, die Politik und Gesundheitssystem mit relevanten Forschungsergebnissen beliefert, hat in einem Interview gesagt, dass die meisten allopathischen Medikamente einen Wirkungsgrad von 10-15% haben, ein paar wenige, die als hochwirksam gelten, kommen auf 25-40%. Und sie meinte, kein Vertreter einer alternativmedizinischen Richtung würde eine Zulassung für eine Methode bekommen, die so wenig zur Heilung beitragen kann. Warum das so ist, können Sie sich selbst überlegen.

Die Pharmaindustrie gibt bei weitem mehr Geld für Werbung, Lobbying und direkte Beeinflussung von Ärzten aus als für Forschung, ich lese von einem Verhältnis von 70:30 oder noch ungünstiger. Und wenn ein neues Medikament kein lukratives Geschäft verspricht, wird es einfach nicht produziert. So geschehen zum Beispiel mit einem Herzmittel, das offensichtlich nur bei schwarzen Patienten gut gewirkt hat. Krankheiten, die vorwiegend in Drittweltländern grassieren, sind vom geschäftlichen Standpunkt aus betrachtet ebenfalls ziemlich uninteressant, darum gibt es diesbezüglich oft jahrzehntelang keinerlei medizinischen Fortschritt zu vermelden.

Das Gute an dieser Entwicklung ist, dass immer mehr Menschen wieder die Verantwortung für ihre eigene Gesundheit übernehmen, das Interesse für alternative und traditionelle Heilweisen zunimmt und auch in den ärmeren Ländern das althergebrachte Wissen um Heilkräuter und schamanische Heilmethoden wieder mehr Wertschätzung erfährt.

So lässt sich niemals eindeutig definieren, was sich im Endeffekt als gut oder schlecht herausstellen wird. Wir können uns immer nur

gemäß unserem eigenen Informationsstand und entsprechend unseren persönlichen Wertvorstellungen ein Urteil bilden, müssen dabei aber in Kauf nehmen, dass wir uns eventuell irren oder mit ein wenig mehr Distanz eine andere Sicht auf die Dinge gewinnen. In Paul Watzlawicks Buch „Vom Schlechten des Guten oder Hekates Lösungen" finden Sie, wie bereits erwähnt, mehr darüber. Ich nehme an, auch Sie, liebe Leserin, lieber Leser, haben schon öfter die Erfahrung gemacht, dass ein Ereignis, das Sie anfangs für ausgesprochen unangenehm, schmerzlich und schädlich gehalten haben, sich im Nachhinein als besonders hilfreich und fruchtbar erwiesen hat. Selbst das Zerbrechen einer Liebesbeziehung, der Verlust eines Arbeitsplatzes oder eine schlimme Erkrankung können uns dabei helfen, unser Leben neu zu überdenken und die Weichen so umzustellen, dass wir ab diesem Zeitpunkt ein glücklicheres, zufriedeneres, erfüllteres Leben führen können.

Kleine Ergänzung: Hekate gehört zu den weniger bekannten Göttinnen des griechischen Olymps, sie ist die Göttin der Übergänge, der Schwellen und Wegkreuzungen, aber auch die Wächterin der Tore zwischen den Welten und damit auch zuständig für die Magie.

Worauf ich mit dem bisher Gesagten hinaus will, ist Folgendes: Ich bin davon überzeugt, dass sich „gut" und „schlecht" oder „böse" nicht eindeutig und allgemeingültig definieren lassen. Die Grenzen sind fließend. Das Beharren auf festgeschriebenen Zuordnungen hat schon oft genug Unglück in die Welt gebracht. Das ist doch das Dilemma mit falsch verstandenen religiösen Systemen, in deren Namen schon viele Menschen ihr Leben lassen mussten. Dabei sollte uns doch Religion (= Rückbindung) stärker mit der göttlichen Quelle verbinden und den göttlichen Anteil in jedem von uns wachsen und gedeihen lassen.

In Bhutan hat man mir von einem lamaistischen Mönch erzählt, der sich ganz der Lehre von Gewaltlosigkeit und Mitgefühl hingegeben hatte. Und doch erschien er eines Tages, um den tyrannischen König Lang Darma, der den Buddhismus grausam bekämpfte und unter dem das Volk litt, zu töten. War diese Tat nun gut oder schlecht oder böse? Der Mönch hatte gemäß seinem Glauben ein schlimmes Karma auf sich genommen, um andere zu befreien. Ist er nun ein Held oder doch nur ein Mörder? Kann es eine Begründung für ein Verbrechen geben, die es rechtfertigt? Was wäre geschehen, wenn die Verschwörer zum Hitler-Attentat vom 20. Juli 1944 erfolgreich gewesen wären? Hätte das möglicherweise viele Tausende Leben gerettet? Eine schwierige Frage, die sich wohl niemals endgültig klären lässt. Aber die Überlegung zeigt doch, dass es zumindest zwei wesentliche Aspekte gibt, die hinter jeder Beurteilung stehen.

Zum Ersten hängt jede Bewertung davon ab, welchen Standpunkt die bewertende Person selbst vertritt. Je nach persönlicher Perspektive kann ein und derselbe Umstand, ein und dasselbe Ereignis positiv oder negativ gesehen werden. So kann ich als potentielle Patientin die erwähnte Strategie mancher Pharmaunternehmen für zynisch, gefährlich und rücksichtslos halten, als Aktionärin ist mir die nämliche Vorgangsweise aber vielleicht hochwillkommen, weil sie mir zusätzlichen Gewinn verschafft.

Vor etlichen Jahren, als noch viel davon die Rede war, wie schlecht es unseren Wäldern gehe, bin ich einmal bei Regenwetter in einem Taxi gesessen. Der Fahrer war voller Unmut ob dieses verregneten Sommers, bis ich ihn darauf aufmerksam gemacht habe, dass sich doch gerade durch die vielen Niederschläge die Wälder erholen. Und außerdem sei dieses Wetter doch viel besser für sein Geschäft. Der Taxifahrer dachte kurz nach und stimmte mir dann zu: „Das habe ich mir noch nie überlegt.“ Seine Laune war sichtlich verbessert.

Es steht uns also frei, unsere Perspektive zu wechseln, wenn wir mit der bisherigen zu keinem Lösungsansatz gekommen sind und uns damit hilflos und belastet fühlen. Im Sinne des Gesetzes der Polarität gibt es auf unserem Planeten nichts, was ganz eindeutig und ausschließlich gut beziehungsweise schlecht ist. „Jedes Ding hat zwei Seiten“, sagt der Volksmund. In vielen Fällen sind es sogar mehr als zwei. Das Festhalten an Sichtweisen und Strategien, die unser Lebensgefühl und unsere Beziehungen zu anderen Menschen beeinträchtigen, ist keineswegs ein Zeichen von Zuverlässigkeit und Vertrauenswürdigkeit. Ich könnte sagen, so ein Verhalten ist grundsätzlich lebensfeindlich, weil sich die Lebendigkeit immer in der Veränderung zeigt. Erinnern Sie sich an die Hierarchie im Denken aus dem Kapitel über das Fehlermachen? Die Tatsache, dass wir einen Plan oder eine Methode verändern und anpassen, heißt keineswegs, dass wir unsere Ziele oder unsere wichtigsten Werte verraten haben.

Um andere Menschen verstehen zu können, empfehlen indigene Nordamerikaner bekanntlich, eine Meile in den Mokassins des anderen zu gehen, bevor man diesen beurteilt. Wenn man ein Gespür dafür entwickelt, was den anderen bewegt, was in ihm vorgeht, was seine Geschichte und seine bisherigen Erfahrungen ausmacht, sieht man sein Verhalten möglicherweise in einem anderen Licht und kann einen

Zugang zu ihm finden. So können menschliche Kommunikation und Kooperation gelingen. Rechthaberei führt zu Verständnislosigkeit, zu Kränkung und Trennung, sie ist üblicherweise kein Zeichen für kreative Intelligenz und liebevolle, respektvolle Menschlichkeit. Und sie schädigt vor allem den „Rechthaber". Manchmal habe ich das Gefühl, manchen Menschen ist es wichtiger, Recht zu behalten, als glücklich zu sein.

Wie Sie sehen, lassen sich auch die Kategorien „gut – schlecht", beziehungsweise „richtig – falsch" nicht sauber voneinander trennen, wobei ich meine, erstere beschreibt eher eine moralische Zuordnung und die zweite eher eine mentale oder intellektuelle. Allerdings glauben die meisten Besserwisser, dass sie durch ihr Rechthaben auch die moralische Überlegenheit auf ihrer Seite haben. Niemand kommt auf die Idee, dass er einen zugegebenermaßen falschen, aber doch moralisch betrachtet besseren Standpunkt vertritt. Die beiden Kategorien werden überwiegend gekoppelt. Nur in den Auswirkungen lassen sich noch gewisse Unterschiede erkennen: Menschen, die etwas in ihrem näheren oder weiteren Umfeld als falsch bewerten, reagieren mit negativer Kritik und handeln sich à la longue auch die Symptome ein, die diesem Verhalten zuzuordnen sind, wie Asthma, Rheuma oder Arthritis. Personen, die das Geschehen in ihrer Umgebung für schlecht halten, reagieren vorwiegend mit Angst, können also Symptome entwickeln, die mit dem verminderten Austausch und Fluss in Körperbereichen zu tun haben, wie niedriger Blutdruck, Unterfunktionen, Lähmungen, Schwindel oder Übelkeit. Wenn ich aber weiterdenke, vermute ich auch hinter der Kritik eine verborgene Angst, die Angst vor dem Verlust an Sicherheit, Prestige oder Anerkennung. Und all das verhindert den liebevollen Umgang mit sich selbst und anderen Lebewesen.

Der zweite wichtige Aspekt im Zusammenhang mit der Beurteilung von Menschen und ihren Handlungen liegt in der Intention, die dahinter steht. Kindern wird meistens noch zugebilligt, dass sie zwar in der besten Absicht gehandelt haben, obwohl das Ergebnis möglicherweise den Haushalt ziemlich arg durcheinander gebracht hat: Vielleicht wollten sie beim Wäschewaschen helfen und haben unbemerkt ihre roten Lieblingssocken zur Kochwäsche in die Waschmaschine geschmuggelt, oder sie wollten der Mama eine Freude machen und einen Kuchen backen, haben dabei aber die Küche in ein Schlachtfeld verwandelt, oder sie haben den besonderen Stoffhasen, das Geschenk einer schwierigen Tante, verschenkt, weil eine Freundin so traurig war, obwohl der Besuch dieser Verwandten gerade vor der Türe steht. Kurz, sie haben in liebevollster Absicht Chaos verursacht.

Erwachsenen kann das Gleiche widerfahren, obwohl sie es doch schon besser wissen müssten und gelernt haben, die möglichen Folgen ihres Tuns etwas umfassender zu bedenken. Trotzdem kann ein freundlich geplantes Vorgehen gründlich daneben geraten. Wiederum kann es schwierig sein, einen passenden Umgang damit zu finden. Der Ärger über das unerwünschte Resultat kann jegliches Verständnis überwiegen. Banales Beispiel: Gleichgültig, ob mir jemand absichtlich oder unabsichtlich auf die Zehen getreten ist, es tut weh und löst eine unfreundliche Reaktion aus. Mir ist es in solchen Fällen lieber, jemand sagt einfach nur: „Es tut mir leid!“ als „Das war keine Absicht.“ Die zweite Antwort verstärkt meinen Unmut höchstens noch, weil ich meine, das Fehlen einer bösen Absicht ergibt noch keine gute, nämlich achtsame und rücksichtsvolle. Na ja, da bin ich vielleicht manchmal ein bisschen zu streng … obwohl ich natürlich überzeugt davon bin, dass ich Recht habe.

Ja, es ist sehr verführerisch, sich selbst als Inhaber oder Inhaberin der Wahrheit zu betrachten. Und in einer bestimmten Hinsicht ist das sogar richtig, nämlich sobald wir anerkennen, dass Wahrheit und Wirklichkeit Begriffe einer persönlichen Wahrnehmung und Betrachtungsweise sind, dass es diese aber als objektive Größen gar nicht gibt. Das gilt sogar in Bereichen, die wir gerne für unanfechtbar halten. Doch Albert Einstein belehrt uns eines Besseren: „Insofern sich die Sätze der Mathematik auf die Wirklichkeit beziehen, sind sie nicht sicher, und insofern sie sicher sind, beziehen sie sich nicht auf die Wirklichkeit.“

Schamanen halten Wirklichkeit für etwas, was sich jeder auf Grund seiner Denkmuster selbst erschafft. Sie sagen: „Denkmodelle sind Denkmodelle, keine Wahrheiten!“ Sie sind gedankliche Konstrukte, die sich Menschen zu allen Zeiten in unterschiedlicher Weise erschaffen haben, um das Leben in der alltäglichen Wirklichkeit zu bewältigen. Sofern jemand für sich ein Konzept gefunden hat, das ihm hilft, sich sicher, wohl und anerkannt zu fühlen, kann er es mit Fug und Recht als persönliche Wahrheit betrachten. Und das bleibt so, solange dieses Glaubensmuster diesen Anspruch erfüllt. Sobald das nicht mehr gegeben ist, steht es jedem frei, das eigene Denkmodell zu modifizieren oder durch ein anderes zu ersetzen.

Da es sich bei solch einem Konzept um eine persönliche Wahrheit handelt, ergibt sich daraus zwingend, dass es dafür keinerlei Beweises bedarf. Oft bemühen sich Menschen, andere von ihrem Denkmodell zu überzeugen, weil sie anscheinend das Bedürfnis haben, ihres als das bestmögliche darzustellen. Wenn eine große Zahl von Gefolgsleuten es übernimmt, sehen sie das als Bestätigung für ihre Überlegenheit oder für die ihrer Sichtweise. Bewiesen ist damit aber gar nichts, obwohl es natürlich jedem Menschen erlaubt ist, sich an anderen Betrachtungsweisen und Philosophien zu orientieren und etwas zu übernehmen, was ihm plausibel erscheint. Im Grunde ist das auch der normale Weg, wie sich ein Kind die Welt erklärt: Es folgt den Erklärungsmustern seiner Eltern und Lehrer. Später beginnt es, diese mit anderen zu vergleichen, zu hinterfragen und auch Teile davon abzulehnen. Das nennt man landläufig Pubertät.

Als gelungen kann man diesen Prozess betrachten, wenn der junge Mensch eine differenzierte Sicht auf die Welt und für ihn relevante Themen gefunden hat, auf eigenen Füßen steht und mit sich und anderen möglichst im Reinen ist. Abgeschlossen ist er allerdings nie, dieses Überprüfen und Neuausrichten dauert im besten Fall ein Leben lang an. Hilfreich ist in jedem Fall, nicht zu vergessen, dass es immer um einen persönlichen Zugang zur Wirklichkeit und niemals um etwas Absolutes oder Endgültiges geht. Diese Haltung macht neugierig, offen und tolerant und erweitert die Erfahrungen in allen Lebensbereichen.

Und weil die Wirklichkeit keine objektive, für alle gültige Größe ist, kann es keinen Bereich geben, in dem die Wahrheit ein für alle Mal festgeschrieben werden kann. Immer bewegen wir uns in Wellen zwischen den Polen und schaukeln durchs Leben. Einem Aufschwung folgt ein Abstieg und umgekehrt, dem Hoch folgen ein Tief und wieder ein Hoch. Sie selbst sind die höchste Autorität für Ihr eigenes Leben, niemand weiß besser als Sie selbst, was sich für Sie gerade richtig anfühlt oder auch nicht. Und selbst wenn Sie rückblickend eine Ihrer Entscheidungen oder Reaktionen als falsch betrachten, sollten Sie sich immer zubilligen, dass Sie in jedem

Augenblick so klug und umsichtig gehandelt haben, wie es Ihrem jeweiligen Wissens- und Bewusstseinsstand entsprochen hat. Der Mensch organisiert sich bewusst oder unbewusst genau die Lernerfahrungen, die er sich für dieses Leben vorgenommen hat. Das heißt nicht, dass sich das immer angenehm anfühlt, wenn man mitten drin steckt. Aber es bedeutet sehr wohl, dass jeder Widerstand zwecklos ist. Was ist, ist. Es ist an sich weder gut noch schlecht, wir erschaffen uns unsere Befindlichkeit, indem wir die Erfahrung eines Moments bewerten und uns einverstanden erklären oder uns dagegen stellen.

Eckhart Tolle empfiehlt uns, genau diese Bewertungen und jeglichen Widerstand aufzugeben. Beides hat nämlich mit unserem göttlichen Selbst, mit unserem tiefsten Wesenskern nichts zu tun. Es gehört zur Polarität der materiellen Welt und zu den Rollen, die wir darin spielen. Ob wir in einer dieser Rollen brillieren, bedeutet genauso viel oder wenig wie unser Versagen darin. Unser Selbst bleibt immer unverletzt, was auch immer in diesem irdischen Leben geschehen mag. Wir sind auf dieser Erde gelandet, weil wir Erfahrungen machen wollten, und dazu braucht es eben die Polarität. Kein Grund, sich darüber zu alterieren.

„Such nicht nach der Wahrheit,
hör einfach auf, über alles eine Meinung zu haben."

Zen-buddhistische Weisheit

*

Ich glaube nicht an simple Gegensätze,
an Schwarzweiß,
an „richtige" und „falsche" Perspektiven.
Es gibt ja unendlich viele gleichberechtigte
Perspektiven der Realität.

Luciano Berio
italienischer Komponist

Was ist also zu tun – nochmal sei's gesagt

Meine Lehrer haben mich darauf aufmerksam gemacht, dass wichtige Botschaften dreimal ausgesprochen werden müssen, damit sie die Adressaten wirklich erreichen. Aus meinem Erleben kann ich das nur bestätigen, vieles habe ich mehr als dreimal hören oder lesen müssen, bis ich es einmal verstanden habe. Darum meine Bitte an Sie, liebe Leserin, lieber Leser: Seien Sie geduldig – mit mir, aber vor allem auch mit sich selbst! Wir alle haben in Körper und Geist ein gewisses Beharrungsvermögen, das durchaus auch nützliche Aspekte aufweist. Es bewahrt uns davor, allzu schnell von neuen Strömungen und Heilsversprechen mitgerissen zu werden, und es macht uns zu verlässlichen Partnern für unser soziales Umfeld. Auch ist unser Leben ein wenig einfacher dadurch, dass wir unseren Alltag mit gewohnten Ritualen strukturieren und uns nicht jeden Morgen von Neuem fragen, was denn die richtige Reihenfolge für die notwendigen Verrichtungen sein mag.

Allerdings gibt es Um- und Zustände, wo das Überdenken des Gewohnten sinnvoll ist, nämlich immer dann, wenn wir uns damit nicht mehr wohl fühlen, wenn es in unserem Privatleben drunter und drüber geht, wenn wir krank sind oder beruflich erfolgreicher unterwegs sein möchten. Kurz, wenn wir ganz deutlich spüren: So kann es nicht weitergehen! Eine Veränderung steht an.

Wir leben in einer Zeit und Gesellschaft, in der allerhand Mythen verbreitet werden, die es aber niemals zur Manifestation in der alltäglichen Wirklichkeit schaffen werden, wie zum Beispiel, dass es möglich sei,

Krankheiten komplett „auszurotten“. Sicher haben Sie längst beobachtet, dass anstelle jeder angeblich besiegten Infektionskrankheit mindestens eine neue auftaucht. Es ist auch empfehlenswert, nicht der Illusion anheimzufallen, dass wahre Liebe nur dort zu finden sei, wo es keinerlei Reibereien, keinen Streit und keine Missverständnisse mehr gäbe. Das Gegenteil ist wahr: Eine stabile liebevolle Beziehung hält es natürlich aus, dass es da und dort Differenzen gibt. Vielmehr lebt sie sogar davon, dass die Partner in schwierigen Situationen viel über sich selbst und über einander erfahren und sich weiterentwickeln. Der entscheidende Faktor dabei ist, dass die Haltung dahinter konstruktiv ist und Achtung und Respekt voreinander gewahrt bleiben.

Heerscharen von Unternehmensberatern haben verkündet, wenn man nur ihren Empfehlungen folge, stelle sich der immerwährende Erfolg unaufhaltsam ein. Und was ist die Realität: Es gibt so viele Firmenpleiten wie seit Jahrzehnten nicht, da eben zahlreiche Einflüsse auf unser komplexes Wirtschaftssystem nicht vorhergesehen und in die Überlegungen integriert worden sind. Und die Enttäuschung ist groß, wenn einen nach einem inspirierenden Wochenende mit einem Motivationsguru die Wirklichkeit einholt und man feststellen muss, das Leben scheint doch irgendwie anders zu funktionieren. Übrigens geht es den Unternehmensberatern inzwischen auch nicht mehr so gut, einerseits weil sich herausgestellt hat, dass sie die in sie gesetzten Erwartungen nicht erfüllen können (auch sie können nämlich dem Gesetz der Polarität kein Schnippchen schlagen), und andererseits weil sie in ihren mit großer Emphase vorgetragenen Botschaften oftmals sich selbst und die Balance im eigenen Leben verloren haben.

Da Sie mir in meinen Gedankengängen bis hierher gefolgt sind, wissen Sie natürlich längst, dass es im Berufsleben auch Rückgang und Misserfolg gibt und dass es damit durchaus seine Richtigkeit hat. Wir bewegen uns immer in Wellen zwischen den Polen, auf eine Phase des Aufbaus und der Expansion muss eine andere der Konsolidierung, des Überdenkens und eventuell des partiellen Rückzugs folgen, sonst wird das Firmenschiff eher früher als später auf Grund laufen und das bisher Gewonnene komplett verloren gehen.

Ebenso verhält es sich mit den Heilserwartungen bezüglich Glück, Gesundheit und Seelenfrieden. All das sind keine Befindlichkeiten, die man erreichen und für immer behalten kann, wenn man nur immer das „Richtige“ tut. Glauben Sie niemandem, der Ihnen so etwas verspricht! Auch hier geht es wie immer und überall auf Mutter Erde um das Gleichgewicht, um das wohldosierte Schaukeln zwischen gegensätzlichen Polen. Sie können Fortuna nicht festhalten, aber Sie können lernen, es zu genießen, wenn sie Sie einen Moment lang besucht, davon zu zehren, wenn sie wieder verschwunden ist, und sich auf das nächste Zusammentreffen zu freuen. Und damit stellt sich dann durchaus etwas Dauerhaftes ein, nämlich eine Art Zufriedenheit und Einssein mit dem Schicksal und das Vertrauen, dass auch das Unglück nicht von Dauer sein wird, wenn wir ihm nicht zu viel Aufmerksamkeit geben und uns bemühen, jede Lebenslage nach bestem Wissen und Gewissen zu bewältigen. Mala Spotted Eagle, der väterlicherseits von Cherokees und mütterlicherseits von Western Shoshonen abstammt, hat auf Grund seiner Abstammung in den USA viel Diskriminierung und Ungerechtigkeit ertragen müssen. Und doch lehrt er heute nach wie vor: „Tu in jeder Lebenssituation das Beste, was du unter den gegebenen Umständen und gemäß deinen höchsten Wertvorstellungen tun kannst! Tu dein Bestes!“

Auch Gesundheit ist kein stabiler Zustand, sie besteht in einem ständigen Kippen aus dem Idealzustand und dem Korrigieren und Wiederherstellen des Gleichgewichts. Meistens registrieren wir gar nicht bewusst, was unser Körperbewusstsein da in Auftrag gibt. Wie bereits erwähnt, trinken wir einfach ein bisschen mehr Wasser, schlafen kürzer oder länger, bewegen uns mehr oder weniger, essen bestimmte Nahrungsmittel, geben unserem Gusto auf etwas Saures oder Bitteres nach und bringen so unser System wieder auf gleich. Daran ist nichts verkehrt, alles hat seine Richtigkeit. Wir dürfen dieses leichte Kippen aus der Balance nur nicht zu lange übersehen, sonst werden wir krank und das Ausgleichen wird aufwändiger und dauert länger. Leichte Erkrankungen sind durchaus gut für unseren Organismus, sie verschaffen ihm Ruhepausen, trainieren das Immunsystem und rücken das Thema Gesundheit wieder etwas mehr ins Blickfeld. Menschen, die über Jahre nie unpässlich waren, brechen manchmal unvermutet mit lebensgefährlichen Problemen zusammen. Das sind die Fälle, bei denen sich alle wundern: „Der war doch nie krank." Ja, genau das ist das Problem. Wenn es das gesunde Auf und Ab nicht gibt, finden auch die fälligen kleinen Reparaturen im Körper nicht statt. Der Organismus aktiviert alle seine Reserven, bis er ganz ausgebrannt und der Schaden groß ist. Ein gesundes Immunsystem meldet sich von Zeit zu Zeit und verlangt mittels kleinerer Unstimmigkeiten und Beschwerden Beachtung. Es weiß nämlich um den Wert der Polarität Bescheid.

Um also dem Gesetz der Polarität Genüge zu tun, empfiehlt es sich, dem jeweiligen Gegenpol den angemessenen Raum einzuräumen. Wahrscheinlich haben Sie ja schon beobachtet, dass es Ihnen hilft, einen Ruhetag einzulegen, wenn sich erste Grippesymptome bemerkbar machen. Oder Sie verzichten ein paar Tage lang auf feste Nahrung, damit Ihr Körper allerlei Ungesundes abbauen kann. Diese Strategien sind Ihnen sicher geläufig, zumindest theoretisch. Und doch können wir immer wieder beobachten, dass gerade schwer erkrankte Menschen das bisher gewohnte Leben so lange wie nur irgendwie möglich aufrechterhalten wollen. Obwohl es doch auch für sie logisch nachvollziehbar sein müsste, dass sie mit denselben Gedanken und mit demselben Verhalten wie bisher keine Umkehr des krank machenden Prozesses einleiten können. Ein Medizinmann hat mir einmal gesagt, er könne nicht verstehen, warum Schwerkranke in unseren Breiten nicht ihre Gesundung zu ihrem wichtigsten Projekt erhöben, sondern tausend anderen Dingen mehr Beachtung schenkten. Schließlich seien doch alle anderen Themen hinfällig, wenn ihnen das Projekt Genesung nicht gelänge. Einleuchtend, finden Sie nicht?

Wenn Sie in einem beruflichen Bereich dem Gesetz der Polarität Rechnung tragen wollen, planen Sie absichtlich Phasen ein, in denen Sie einen gewissen Stillstand oder Rückgang inszenieren. Machen Sie sich nicht von Strukturen abhängig, durch die solche Phasen für Ihre materielle Existenz oder Ihr Unternehmen bedrohlich werden könnten. Investieren Sie in neue Geräte oder Gebäude nur dann, wenn Sie über einen ausreichenden Polster an Eigenmitteln verfügen. Es wäre fatal, wenn Sie sich die Wellentäler nicht mehr erlauben dürften, weil Sie dann einen Kredit oder andere Verpflichtungen nicht mehr bedienen könnten. Lasten Sie Ihre eigenen Kapazitäten oder die Ihrer Mitarbeiter niemals zu 100% aus, sonst haben Sie keinen Spielraum für Unvorhergesehenes. Definieren Sie Ihre Vorstellungen von Erfolg neu und – ganz wichtig! – vergleichen Sie sich nie mit anderen. Dass es notwendig sei, sich ständig mit der Konkurrenz zu messen und sich an sogenannten Trends zu orientieren, ist auch so ein Mythos, den Sie durchaus einmal hinterfragen könnten.

Ich bin überzeugt davon, dass es förderlich ist, möglichst genau herauszufinden, was den eigenen Fähigkeiten, Interessen und Überzeugungen entspricht, und Vorstellungen zu entwickeln, wie sich diese Erkenntnisse zum Wohl von möglichst vielen Mitwesen auf Mutter Erde konkret umsetzen lassen. Im Klartext heißt das: Stellen Sie sich mit Ihren Kompetenzen und Ressourcen für höhere Ziele zur Verfügung! Lassen Sie sich von der geistigen Welt zu den Ihnen entsprechenden Aufgaben führen, durch die Sie dazu beitragen können, Lebensbedingungen auf diesem Planeten zu verbessern! Seien Sie achtsam und nehmen Sie alle Zeichen wahr, die Sie auf die notwendigen Informationen und Begegnungen aufmerksam machen, mit denen sich die weitere (Zusammen-)Arbeit fruchtbar gestalten lässt.

Im Sinne von schamanischen Gepflogenheiten können Sie aber auch materiell einen Platz einrichten, der den dunklen Kräften gewidmet ist. Bei einem großen und heiklen Bauprojekt haben wir zum Beispiel in einem kaum zugänglich Kellerbereich, der nur sporadisch zur Wartung der Klimatechnik betreten wird, einen dunklen Altar eingerichtet und mit attraktiven und wertvollen Symbolen ausgestattet. Da liegen seither ein großer Obsidian, den schon die Maya der dunklen Seite zugeordnet haben, und andere Gegenstände als persönliche Opfergaben der Führungskräfte der Baufirmen. Ab diesem Zeitpunkt gab es keinerlei Schäden oder Unfälle auf der Baustelle mehr, selbst der zuständige Hausmeister hat die Veränderung gespürt und seine Zufriedenheit mit unserer Intervention geäußert.

Auch im privaten Bereich, in der eigenen Wohnung, ist es durchaus vorteilhaft, eine „dunkle“ Ecke zu gestalten. Manchmal entstehen solche Winkel, in denen sich allerhand Beschädigtes, nicht mehr Benötigtes ansammelt, quasi von selbst. Wenn Sie das nicht irritiert, können Sie ganz bewusst einen bestimmten Platz so belassen. Wenn Ihnen solches Gerümpel aber ein Dorn im Auge sein sollte, richten Sie Ihren dunklen Altar gemäß Ihren eigenen Empfindungen mit passenden Objekten ein. Letzteres ist natürlich ohnehin die bessere Variante, da Sie mit dieser bewussten Gestaltung Ihre Wertschätzung für den Gegenpol ausdrücken. Dieser Altar wird Sie immer wieder daran erinnern, dass auch die dunkle Seite aktiv eingeplant und berücksichtigt werden muss, wenn Sie Ihr Leben in Balance halten wollen.

Und für Ihr eigenes Seelenleben gilt das Gleiche, gestatten Sie sich Unvollkommenheiten. Das kann zwar hin und wieder dazu führen, dass andere Sie nicht mehr so pflegeleicht finden wie bisher. Viel wichtiger ist aber, dass Sie sich selbst nicht verstümmeln oder vergewaltigen, weil Sie glauben, dass Sie mit all Ihren Ungereimtheiten kein liebenswerter, wertvoller Zeitgenosse sind. Das Gegenteil ist richtig. Achten Sie darauf, authentisch zu agieren! Das bedeutet keineswegs, in Zukunft alle Mitmenschen mit Launen und Widersprüchlichkeiten zu tyrannisieren. Ich will Sie auch nicht dazu ermutigen, fiese Pläne zu schmieden, um anderen Wesen das Leben schwer zu machen. So ist das nicht gemeint. Aber wenn Sie spüren, dass Sie etwas wirklich nicht tun wollen, dass etwas gar nicht zu Ihnen passt, stehen Sie dazu und zeigen Sie es.

Wenn Sie geliebt werden wollen, wie Sie wirklich sind, müssen Sie Menschen in Ihrem Umfeld die Chance einräumen, Sie auch als vollständige Persönlichkeit mit Stärken und Schwächen kennenzulernen. Ich wiederhole, Sie selbst sind die höchste Autorität für Ihr Leben, Sie allein entscheiden, welche Ihrer Unvollkommenheiten Sie gerne ausgleichen wollen und mit welchen Sie recht gut und keineswegs auf Kosten von anderen zu leben wissen. Und wenn Ihnen ein paar Fehler unterlaufen, bemühen Sie sich um Schadensbegrenzung, aber versuchen Sie niemals, das Geschehene zu vertuschen. Stellen Sie sich vor, wie groß der Aufwand an Zeit, Kraft und Konzentration wäre, um für immer ein perfektes Image aufrecht zu erhalten – und dann lassen Sie diese Überlegungen gleich wieder fallen. Es wäre ja so oder so verlorene Liebesmüh, denn die Wahrscheinlichkeit, dass jemand Ihr Geheimnis irgendwann aufdeckt, ist gegeben. Im Endeffekt hätten Sie sich dann ungeheuer angestrengt und nichts gewonnen.

Vor kurzem habe ich gelesen, dass Untersuchungen zufolge ältere Menschen weniger lügen als junge, und zwar aus folgenden Gründen: Erstens ist ihr Selbstwertgefühl stabiler, und es ist ihnen daher nicht mehr so wichtig, vor anderen immer gut dazustehen, und zweitens haben sie bereits die Erfahrung gemacht, wie anstrengend es ist, ein Lügengebäude über längere Zeit aufrechtzuerhalten. Ich könnte auch sagen, sie haben einen praktikablen Umgang mit dem Gesetz der Polarität gefunden, und haben gelernt, das Leben mit Höhen und Tiefen zu akzeptieren.

In Tibet gibt es eine uralte Methode aus vorbuddhistischer Zeit, sich der dunklen Seite zu stellen: das Dämonenfüttern. In unseren Kulturkreis übertragen bedeutet das, ein beliebiges Problem oder eine belastende Emotion als Dämon zu personifizieren und sich diesem gegenüber zu setzen. Dann wird der Dämon befragt, was er denn von einem verlange, um sich zufriedengestellt wieder zurückzuziehen beziehungsweise in einen Helfer zu verwandeln. Und genau das bekommt er dann als Energiestrom geliefert, gespeist aus dem eigenen mitfühlenden Herzen. Das

Ganze ist natürlich ein längerer Prozess, der zu verblüffenden Ergebnissen führen kann. Manchmal zeigt sich, dass das bewusst formulierte Thema gar nicht das tatsächliche Problem darstellt, dass sich darunter noch eine ältere Schicht an bisher unerkannten, ungelösten Konflikten mit sich und anderen verborgen hat. Das Benennen eines Dilemmas und die Bereitschaft, sich diesem zuzuwenden, werden in allen magischen Traditionen als der beste Weg betrachtet, etwas Bedrohliches zu bannen. Und bannen heißt, jemandem oder etwas die Macht über einen selbst zu entziehen. Was man gebannt hat, kann keinen Schaden mehr anrichten. Man versteht sich selbst wieder als machtvolles Wesen, fähig zur Gestaltung des eigenen Lebens.

Haben Sie jemals Michael Endes Geschichte „Jim Knopf und Lukas der Lokomotivführer" gelesen? Da kommen Gestalten vor, die allen Bewohnern eines Landstrichs Angst einjagen, weil sie so riesengroß und anscheinend übermächtig sind. Der mutige kleine Jim Knopf lässt sich aber nicht einschüchtern und geht auf solch einen Riesen zu, und siehe da: Je näher er ihm kommt, desto kleiner wird dieser. Als sie einander dann Auge in Auge gegenüberstehen, stellt sich heraus, der andere ist kaum größer als Jim, es handelt sich nämlich um einen „Scheinriesen". Ist das nicht ein wunderbares Symbol für all die Schreckgespenster, vor denen wir bisher lieber davonlaufen wollten? Vergessen Sie es bitte niemals: „Es gibt nichts zu fürchten außer der Angst!"

Schamanen meinen, wir alle haben uns als Seelenwesen dazu entschieden, auf der Erde bestimmte Lernerfahrungen zu durchlaufen. Das heißt, wir haben damit auch die Konditionen auf diesem Planeten gewählt, und dazu gehört nun mal neben den übrigen Lebensumständen auch das

Gesetz der Polarität. Deshalb ist der Widerstand dagegen zwecklos, er zermürbt nur, macht müde und krank. Der spielerische, kreative Umgang damit kann jedoch unser Leben bereichern und uns neue Möglichkeiten eröffnen. Wie lehrt uns doch Byron Katie: „Du kannst das, was ist, lieben oder nicht. Es macht keinen Unterschied: Was ist, ist. Das Einzige, was du verändern kannst, ist deine Befindlichkeit. Wenn du ablehnst, was ist, bist du im Stress, es geht dir schlecht. Sobald du dich aber dazu entscheidest, es zu akzeptieren und zu lieben, ist der Stress aufgelöst, und du kannst dich mit dem, was ist, wieder entspannt und wohl fühlen."

Mein türkischer Sufi-Freund besitzt ein Reisebüro. Bei einem Besuch in Wien habe ich ihm viel Erfolg für seine Verhandlungen mit einem großen Unternehmen gewünscht. Seine Antwort war: „Erfolg oder Misserfolg, das macht keinen Unterschied. Beides kommt von Gott. Was immer Gott mir schickt, ich bin bereit, es anzunehmen."

Das Gesetz der Polarität bestimmt unser Sein in der materiellen Welt. Darüber gibt es natürlich eine spirituelle Ebene, in der andere Gesetzmäßigkeiten herrschen. Es ist klug, die Ebenen nicht durcheinanderzubringen. Denn im göttlichen All-Einen gibt es keine Gegensätze mehr.

Wir alle sind doch auf dem Weg dorthin, nicht wahr?

„Glaubt den Büchern nicht.
Glaubt den Lehrern nicht.
Glaubt auch mir nicht.
Glaubt nur das,
was ihr selbst sorgfältig geprüft und Euch selbst
und anderen zum Wohle dienend erkannt habt.“

Siddhartha Gautama, genannt Buddha

Foto: Pilo Pichler

Eva Ulmer-Janes

Biographisches:

in einer Ärztesippe in Vorarlberg aufgewachsen; Dipl.Ing. für Architektur (TU Wien) seit 1970 Theaterarbeit als **Kostüm- und Bühnenbildnerin** an allen großen und vielen kleinen Bühnen Wiens; in Salzburg und Frankfurt seit 1980 Filmausstatterin in ca. 30 österr. und internationalen Filmen; 1980 Gründung einer Freien Schule; 1997 – 2013 Vorstandsvorsitzende der VDFS, Verwertungsgesellschaft der Filmschaffenden

seit 1982 Arbeit mit dem peruanischen Schamanen, **Don Eduardo Calderon Palomino**, in Peru und Österreich initiiert als Schamanin der Moché-Tradition (Präinka-Kultur im Norden Perus)

seit 1995 Ausbildung durch **Serge King** in Österreich, Deutschland, Schweiz, Frankreich und Hawai'i

Ausbildung in Heiltechniken der KAHUNA durch **Lanakila Brandt** und **Frank Kawaikapuokalani Hewett**, in HULA durch die HULA-Meisterin **Roselle Keli'i honipua Bailey**

Arbeit mit Schamanen in bzw. aus Guatemala, Peru, Brasilien, Bhutan, Burkina Faso, Hawai'i

Ausbildung in Trancetechnik durch Felicitas Goodman, in Silva Mind Control durch Maria Sorel de Neufchateau und José Silva, in der mentalen Krebstherapie nach Carl Simonton/James Creighton durch James Creighton, in Provokativer Therapie von Frank Farrelly und E. Noni Höfner

1998 Mitarbeit an der **Ausstellung „Schamanismus und andere Welten"** am **Völkerkundemuseum Wien** und am **Übersee-Museum Bremen** (Gestaltung des Bereichs Neo-Schamanen)

Seit Februar 2003 gibt es ein **eigenes Seminarzentrum** in Wien: **KONTIKI** - mit Altem Wissen zu neuen Zielen!
www.kontiki.at

Gebet eines älter werdenden Menschen

Herr, du weißt, dass ich altere und bald alt sein werde.
Bewahre mich davor, schwatzhaft zu werden
und besonders vor der fatalen Gewohnheit,
bei jeder Gelegenheit und über jedes Thema mitreden zu wollen.

Befreie mich von der Einbildung,
ich müsse anderer Leute Angelegenheiten in Ordnung bringen.
Bei meinem ungeheuren Schatz an Erfahrungen und Weisheit
ist's freilich ein Jammer,
nicht jedermann daran teilnehmen zu lassen.
Aber du weißt, Herr, am Ende brauche ich ein paar Freunde.

Ich wage nicht, dich um die Fähigkeit zu bitten,
die Klagen meiner Mitmenschen über ihre Leiden
mit nie versagender Teilnahme anzuhören.
Hilf mir nur, sie mit Geduld zu ertragen, und versiegle meinen Mund,
wenn es sich um meine eigenen Kümmernisse und Gebrechen handelt.
Sie nehmen zu mit den Jahren, und meine Neigung,
sie aufzuzählen, wächst mit ihnen.
Ich will dich auch nicht um ein besseres Gedächtnis bitten,
nur um etwas mehr Demut und weniger Selbstsicherheit,
wenn meine Erinnerungen nicht mehr mit der anderer übereinstimmt.
Schenke mir die wichtige Einsicht, dass ich mich gelegentlich irren kann.
Hilf mir, einigermaßen milde zu bleiben.
Ich habe nicht den Ehrgeiz, eine Heilige zu werden.
Mit manchen von ihnen ist es so schwer auszukommen.
Aber ein scharfes altes Weib ist eins der Meisterwerke des Teufels.
Mache mich teilnehmend, aber nicht sentimental,
hilfsbereit, aber nicht aufdringlich.
Gewähre mir, dass ich Gutes finde, wo ich es nicht vermutet habe,
und Talente bei Leuten, denen ich es nicht zugetraut hätte.
Und schenke mir, Herr, die Liebenswürdigkeit,
es ihnen zu sagen.
Amen.

zugeschrieben Teresa von Avila (1515 – 1582)

Glossar

Namen und Begriffe, die im Buch vorkommen:

Adonai – hebräisch „mein Herr, mein Gebieter", einer der Namen Gottes

Algonquin – Stamm nordamerikanischer Ureinwohner in Kanada

Allopathie – (von griechisch ἄλλος „anders") Behandlungsmethode mit Medikamenten, die andere Symptome als die am Patienten beobachteten bewirken (im Gegensatz zur Homoöpathie)

ALS (amyotrophe Lateralsklerose) – degenerative Erkrankung des motorischen Nervensystems

Amato, Derek (*1966) – amerikanischer Musiker, der nach einem Unfall 2006 im Spital als Musikgenie wieder zu sich kam

Bailey, Roselle Keli'ihonipua (*1937) – hawaiianische Hula-Meisterin

Böttger, Johann Friedrich (1682–1719) – deutscher Alchemist, Porzellanhersteller

Brandt, Lanakila (Lanakilakahuokalani) (1924-2005) – hawaiianischer Kahuna und Lono-Priester

Brujo (gesprochen: Brucho) – spanisch „Zauberer", besonders in Südamerika

Byron Katie (Byron Kathleen Mitchell) (*1942) – amerikanische Lehrerin („The Work") und Autorin

Buddha („der Erwachte", eigentlich Siddhartha Gautama) (563-483 v. Chr.) – Begründer der Buddhismus

Calderón Palomino, Eduardo (1930–1996) – Bildhauer, Schamane der Moche-Tradition in Nordperu

Chaostheorie – Teilgebiet der angewandten Mathematik, beschreibt das zeitliche Verhalten von Systemen mit deterministisch chaotischer Dynamik

Celsius, Anders (1701–1744) – schwedischer Astronom, Mathematiker und Physiker

Cherokee – indigenes Volk im Osten Nordamerikas

Conquistadores (Eroberer) – Sammelbegriff für spanische und portugiesische Soldaten, Entdecker und Abenteurer in Südamerika im 16. und 17. Jhdt.

Curandero – spanisch „Heiler", besonders in Südamerika

Dahlke, Rüdiger (*1951) – deutscher Humanmediziner, Psychotherapeut und Autor

Déjà-vu-Erlebnis – (von französisch „schon gesehen“), psychologisches Phänomen, das sich in dem Gefühl äußert, eine neue Situation schon einmal erlebt, gesehen, aber nicht geträumt zu haben.

Edison, Thomas Alva (1847–1931) – amerikanischer Erfinder und Unternehmer

Ehgartner, Bert (*1962) – österreichischer Autor, Journalist und Filmemacher

Einstein, Albert (1879–1955) – deutsch-schweizer-amerikanischer Physiker, Vater der Relativitätstheorie

Emphase – (von griechisch ἔμφασις „Verdeutlichung“) Nachdruck, Eindringlichkeit

Ende, Michael (1929-1995) – deutscher Jugendbuchautor

Epigenetik – Fachgebiet der Biologie, in dem untersucht wird, welche Faktoren die Aktivität eines Gens und damit die Entwicklung der Zelle beeinflussen

Epigonen – (von griechisch ἐπίγονος „nachgeboren“) im übertragenen Sinn verwendet für die geistigen Nachfolger von Autoren oder Komponisten

Eustress – (griechische Vorsilbe ευ „gut“) positiver Stress, wird nicht als Belastung empfunden

Farrelly, Frank (1931–2013) – amerikanischer Professor für Soziale Arbeit und Psychiatrie, Begründer der Provokativen Therapie

Fassbinder, Rainer Werner (1945–1982) – deutscher Regisseur, Filmproduzent, Schauspieler und Autor

Fortuna – römische Göttin des Glücks

Frankl, Viktor Emil (1905–1995) – österreichischer Neurologe und Psychiater, Begründer der Logotherapie und Existenzanalyse

Haute-Volée – französisch „hoher Rang“, vornehme Gesellschaft, obere Zehntausend

Hawking, Stephen (*1942) – britischer theoretischer Physiker und Astrophysiker

Hay, Louise Lynn (*1926) – amerikanische Sachbuchautorin

Hegel, Georg Wilhelm Friedrich (1770–1831) – deutscher Philosoph

Heiau – hawaiianischer Tempelplatz

Hegglun, Dave (*ca. 1946) – neuseeländischer Bildhauer und Schamane

Hekate – griechische Göttin der Übergänge, der Schwellen und Wegkreuzungen und der Magie

Hekatombe – im antiken Griechenland eine Opfergabe von 100 Rindern

Heraklit von Ephesos (520–460 v.Chr.) – griechischer Philosoph

Hermes Trismegistos – mythologische Verschmelzung des griechischen Gottes Hermes mit dem ägyptischen Gott Thot

Hi'iaka – hawaiianische Göttin des Windes, jüngere Schwester von Pele, der Feuergöttin

Ho'oponopono (hawaiianisch „etwas richtig stellen") – hawaiianische Konflikt- und Problemlösungsmethode

Hüsch, Hanns Dieter (1925–2005) – deutscher Kabarettist, Autor und Liedermacher

Hüther, Gerald (*1951) – deutscher Neurobiologe und Autor

Initiation – Einweihung in ein spezielles Wissen oder eine besondere Position in der Stammesgemeinschaft

Insubordination – Gehorsamsverweigerung

Jahwe – hebräisch „Ich bin, der ich bin", der alttestamentliche Name Gottes

Jung, Carl Gustav (1875–1961) – Schweizer Psychiater und Begründer der analytischen Psychologie

Kahuna – hawaiianisch „Experte", spiritueller Führer

Kapu (althawaiianisch Tapu) – hawaiianisch „Tabu, verboten, geweiht, heilig"

Kaye, Danny (1911–1987) – amerikanischer Schauspieler

Kelvin (William Thomson, später Lord Kelvin) (1824–1907) – britischer Physiker

Kinesiologie – alternativmedizinisches Diagnose- und Behandlungskonzept aus dem Bereich der Körpertherapie

King, Serge (*1938) – amerikanischer Psychologe und Huna-Lehrer

Kogi – indigenes Volk in Kolumbien

Kybernetik – Wissenschaft der Steuerung und Regelung von Maschinen, lebenden Organismen und sozialen Organisationen

Laotse (Laozi) (angeblich 6. Jhdt. v. Chr.) – legendärer chinesischer Philosoph

Leary, Timothy Francis (1920–1996) – amerikanischer Psychologe und Autor

Lang Darma (9. Jhdt.) – letzter tibetischer König

Lipton, Bruce Harold (*1944) – amerikanischer Entwicklungsbiologe und Stammzellforscher

Lomi (althawaiianisch: Romi) – ganzheitliche hawaiianische Körperarbeit

Lorenz, Kuno (*1932) – deutscher Philosoph

Mala Spotted Eagle (Pope) (*1953) – indigener nordamerikanischer Lehrer

Malik, Fredmund (*1944) – österreichischer Wirtschaftswissenschaftler

Mandela, Nelson (1918–2013) – südafrikanischer Aktivist und erster schwarzer Staatspräsident

Maximón (gesprochen: Matschimón, auch San Simón) – guatemaltekischer Volksheiliger

Morgenstern, Christian Otto Josef Wolfgang (1871–1914) – deutscher Dichter und Übersetzer

Multiple Sklerose – eine chronisch-entzündliche Erkrankung der Myelinscheiden im zentralen Nervensystem

Multiresistente Erreger – Bakterien oder Viren, die gegen mehrere verschiedene Antibiotika beziehungsweise Virostatika unempfindlich sind

Nag-Hammadi-Schriften – Sammlung frühchristlicher Texte, die 1945 in der Nähe des ägyptischen Ortes Nag Hammadi von ansässigen Bauern gefunden wurden

Neoliberalismus – heute ein politisches Schlagwort für Politikkonzepte, die soziale und ökologische Probleme nicht lösen, sondern eher verschärfen

Odu-Dua (Oduduwa, König der Könige) – höchster spiritueller Führer der Yoruba in Benin und Nigeria

Okkultisten (von lateinisch occultus „verborgen“) – Vertreter von Geheimwissenschaften

Pele – hawaiianische Göttin des Feuers und der Vulkane

Picabia, Francis-Marie Martinez (1879–1953) – französischer Schriftsteller und Maler

Pinker, Steven Arthur (*1954) – amerikanischer Experimentalpsychologe, Kognitionswissenschaftler, Linguist

Placebo (lateinisch „ich werde gefallen“) – Scheinarzneimittel aus Zucker oder Stärke ohne Wirkstoff

Placebo-Effekt – positive psychische und körperliche Reaktionen, die nicht auf die spezifische Wirksamkeit einer Behandlung zurückzuführen sind, sondern auf den psychosozialen Kontext der Behandlung und die Aktivierung der Selbstheilungskräfte

Plunkett, Roy (1910–1994) – amerikanischer Chemiker

Pogačnik, Marko (*1944) – slowenischer Bildhauer, Geomant und Autor

Prinz, Der kleine – bekanntestes Buch von Antoine de Saint-Exupéry

Psychoneuroimmunologie – interdisziplinäres Forschungsgebiet, das sich mit der Wechselwirkung der Psyche, des Nervensystems und des Immunsystems beschäftigt

Psychoonkologie – interdisziplinäre Form der Psychotherapie beziehungsweise der klinischen Psychologie, die sich mit den psychischen, sozialen und sozialrechtlichen Bedingungen, Folgen und Begleiterscheinungen einer Krebserkrankung befasst

Pythagoreer – Angehörige einer religiös-philosophischen, auch politisch aktiven Schule, die Pythagoras von Samos im 6. Jhdt. v. Chr. in Unteritalien gründete

Resilienz – ursprünglich Fähigkeit eines Materials, nach einer elastischen Verformung in den Ausgangszustand zurückzukehren, in der Psychologie Gedeihen unter widrigen Umständen

Rosling, Hans Gösta (*1948) – schwedischer Professor für Gesundheitswissenschaften

Roosevelt, Theodore (1858–1919) – 26. Präsident der Vereinigten Staaten von Amerika

Russell, Walter (1871–1963) – amerikanisches Universalgenie, Maler, Bildhauer, Architekt, Philosoph und Mystiker

Schiller, Johann Christoph Friedrich von (1759–1805) – deutscher Dichter, Philosoph und Historiker

Shaw, George Bernard (1856–1950) – irischer Dramatiker, Politiker, Satiriker und Pazifist

Silva, José (1914–1999) – amerikanischer Elektrotechniker, Erfinder der Mentaltechnik „Silva Methode“

Simonton, Oscar Carl (1942–2009) – amerikanischer Radiologe und Onkologe

Somé, Sobonfú (*1962) – Schamanin der Dagara aus Burkina Faso

Swimme, Brian Thomas (*1950) – amerikanischer Professor für evolutionäre Kosmologie

Swissair AG – bis 2002 nationale Fluggesellschaft der Schweiz

Synapse – Verbindungsstelle zwischen zwei Nervenzellen oder zwischen Nervenzelle und einer anderen Zelle (z.B. einer Muskelzelle)

Tabula Smaragdina – dem Hermes Trismegistos zugeschriebener Text, der die philosophische Basis der Hermetik bildet und als Grundlagentext der Alchemie gilt

Taoismus (Daoismus) – chinesische Philosophie und Weltanschauung aus dem 4. Jhdt. v. Chr.

Tesla, Nikola (1856–1943) – serbisch-österreicherischer Erfinder, Physiker und Elektroingenieur

Tolle, Eckhart (Ulrich) (*1948) – deutsch-kanadischer spiritueller Lehrer und Autor

Tungusen (auch Ewenken) – indigener Volkstamm in Sibirien, Mongolei und China

Watzlawick, Paul (1921–2007) – österreichisch-amerikanischer Kommunikationswissenschaftler, Psychotherapeut, Soziologe, Philosoph und Autor

Wawate, Louise (1954–2013) – Sozialarbeiterin, Älteste der Algonquin in Kanada

Western Shoshone – indigenes Volk im Großen Becken in Nordamerika (Nevada)

Wild, Claudia (*1960) – Kommunikationswissenschaftlerin und Sozialmedizinerin, Direktorin des Ludwig-Boltzmann-Institutes für Medizinfolgenabschätzung

Wilder, Billy (Samuel Wilder) (1906–2002) – österreichisch-amerikanischer Filmregisseur (6 Oscars!)

Buchempfehlungen

(Vergriffene Bücher sucht man am besten via www.eurobuch.com)

Paul Watzlawick: „Vom Schlechten des Guten oder Hekates Lösungen"
Witzig und gut nachvollziehbar beschreibt Paul Watzlawick, wie wir unseren eigenen Vorstellungen von 100-prozentigen Lösungen aufsitzen und aus den Ergebnissen auch noch falsche Schlüsse ziehen.

Byron Katie: „Lieben was ist"
In diesem Buch eröffnet uns Byron Katie einen pragmatischen Zugang, wie wir Verantwortung für unsere Probleme übernehmen und unser Leben entspannt und freudvoll annehmen können.

Bert Ehgartner: „Lob der Krankheit: Warum es gesund ist, ab und zu krank zu sein"
Der Titel sagt schon genau, worum es geht: Um einen „gesunden" Umgang mit dem Kranksein.

Maria Sorel de Neufchateau: „Mit der Silva Mind Methode zu mehr Gesundheit und Lebensglück"
Das einzig autorisierte Buch in deutscher Sprache über José Silvas geniale Mentaltechniken.

Tsültrim Allione: „Den Dämonen Nahrung geben"
In diesem Buch erfahren wir, wie im tibetischen Buddhismus – im Gegensatz zu unserer Tradition – auch unsere inneren Dämonen nicht bekämpft, sondern ihre Freundschaft gesucht und sie zu Schutzgeistern verwandelt werden können.

Bruce Lipton: „Intelligente Zellen"
Einer der führenden Epigenetiker krempelt unsere früheren Vorstellungen von genetischen Gegebenheiten von Grund auf um und zeigt auf, wie machtvoll unser Bewusstsein darauf Einfluss nimmt.

Gregg Braden: „Resilienz in Zeiten extremer Veränderung"
In diesem Buch wird der Begriff „Resilienz" deutlich erweitert und auf die entscheidenden Themen unserer Zeit angewendet. Aus der Kombination von moderner Wissenschaft und alten Weisheitstraditionen ergeben sich Strategien für ein geglücktes Leben in herausfordernden Zeiten.

Noni E. Höfner: „Das wäre doch gelacht"
Die sprichwörtliche Kraft des befreienden Lachens eröffnet dem Menschen Perspektiven und Auswege, die erst der distanzierte Blick erfassen kann.

Thaddeus Golas: „Der Erleuchtung ist es egal, wie du sie erlangst“
Seit Jahrzehnten ein Kultbuch. Ein schmales Bändchen, das eigentlich alles enthält, was man fürs Leben braucht. Derzeit leider nur antiquarisch zu finden.

Eckhart Tolle: „Jetzt – die Kraft der Gegenwart“
Meiner Meinung nach das wichtigste Buch zum Verständnis von Gedankenmustern und Rollenklischees und unserem wahren Selbst, das damit herzlich wenig zu tun hat.

Douglas Sharon: „Magier der vier Winde“
Ein amerikanischer Ethnologe beschreibt den peruanischen Schamanen Don Eduardo Calderon Palomino und seine rituelle Arbeit.

Brian Swimme: „Das Universum ist ein grüner Drache“
In diesem Buch beschreibt ein Kosmologe die Kraft, die überall im Universum, im Kleinsten wie im Größten, wirkt. Er nennt sie „Anziehung“ oder auch „Liebe“.

Rupert Sheldrake: „Das schöpferische Universum“
Mit der Theorie von den Morphogenetischen Feldern, mit der sich eine ganze Reihe von bisher naturwissenschaftlich nicht fassbaren Phänomenen erklären lassen, ist Rupert Sheldrake zurecht weltberühmt geworden.

Giuliana Conforto: „Das organische Universum“
Nach ihrer Emeritierung begann die italienische Astrophysikerin darüber zu schreiben, wie sie die Welt wirklich sieht – über große Strecken im Widerspruch zur noch immer gängigen Lehrmeinung.

Glenn Clark: „Walter Russell – Vielfalt im Einklang“
Walter Russell hatte seit seiner Kindheit Erleuchtungserlebnisse, die ihn befähigten, ein erstaunliches Arbeitspensum als Maler, Bildhauer, Architekt und Naturwissenschaftler mit großer Gelassenheit zu absolvieren. Das schmale Bändchen mit seiner Biographie bietet einen guten Einstieg in Walter Russells Universum.

Ulrich Warnke: „Gehirn-Magie“
Ulrich Warnkes Forschungen zu Quantenphilosophie, Umweltmedizin und elektromagnetischen Feldern belegen die geheime Macht der Psyche, die die Quantenbildung zwischen den Elektronen bestimmter Atome und Moleküle anregt und somit zur Realitätsbildung im Vakuum unseres Körpers wirkt. Daraus ergeben sich völlig neue Aspekte zur Funktion und Wirkungsweise der Psychosomatik.

Sobonfú Somé: „Vom Glück des Scheiterns“
Wann immer uns etwas im Leben misslingt und wir straucheln, haben wir zwei Möglichkeiten: Wir können verzagen oder gestärkt aus der Krise herauskommen.

Die Magie ist keine Hexerei

Vom bewussten Umgang mit Energie

240 Seiten, ISBN 978-3-900436-50-6

Vom bewußten Umgang mit Energie. Magie ist keine verbotene und gefährliche Geheimwissenschaft, sondern der bewußte Umgang mit der Energie in uns selbst und um uns, in unserer natürlichen und von Menschenhand geschaffenen Umwelt. Die Rückbesinnung auf die magischen Technken unserer Vorfahren und die Beschäftigung mit Kulturen, die sich bis heute ein magisches Weltbild erhalten haben, liefern auch uns das Werkzeug, mit unseren Energiepotentialen bewußt und sinnvoll umzugehen. Die Autorin besitzt die Gabe, auf unterhaltsame und unwiderstehliche Weise den Leser dazu einzuladen, ohne Vorurteile die mentalen Techniken auszuprobieren, sich an vielleicht bisher Ungewohntes, Nicht-Vertrautes heranzuwagen und seine persönliche mentale Werkstatt einzurichten. 5.AUFLAGE

Die Magie kehrt zurück

Vom bewussten Gestalten der Realität

240 Seiten, ISBN 978-3-900436-72-8

Vom bewußten Gestalten der Realität. Magie ist keine verbotene und gefährliche Geheimwissenschaft, sondern der bewußte Umgang mit Energie in uns selbst und um uns, in unserer natürlichen und von Menschenhand geschaffenen Umwelt. Das hat uns die Autorin schon in ihrem ersten Buch (Magie ist keine Hexerei) erläutert und auf leicht nachvollziehbare Weise demonstriert. Diejenigen, die einen Schritt weiter gehen wollen, erfahren im zweiten Band mehr über die philosophischen Konzepte, die hinter einem schamanischen Weltbild stehen. Dadurch wird die Anwendung magischer Techniken und die kreative Gestaltung eigener, wirksamer Rituale für alle Lebenslagen noch leichter und spannender. Dieses Buch enthält eine Fülle praktischer Hinweise und erprobter Methoden für den Alltag. Schließlich schlummern in uns allen bisher ungenutzte Fähigkeiten und Talente, unser ganz persönliches Umfeld positiv zu beeinflussen und das Leben nach unseren Vorstellungen einzurichten.

Magie macht Schule

Altes Wissen für neue Aufgaben

224 Seiten, ISBN 978-3-85052-145-1

Magie ist für Eva Ulmer-Janes der bewußte Umgang mit dem Nichtmateriellen, mit der Macht der Gedanken. Im Leistungssport, im Management und in der Psychotherapie sind die Methoden der Konfliktlösung, der Motivation und des bewußten Gestaltens von Denkmustern schamanischer Traditionen längst selbstverständlich. Auch in der Schule kann das schamanische Wissen um den bewußten Umgang mit dem Nichtquantifizierbaren, mit Vorstellungen, Denkmustern und Gefühlen, hilfreich sein. In diesem Buch macht die Autorin Sie mit einer Reihe von Mentaltechniken vertraut, die auf dem Denkmodell der hawaiianischen Schamanen basieren. Diese Methoden sind einfach und leicht verständlich, bedürfen keinerlei Vorbildung und erleichtern das Leben quasi spielerisejh. Lehrer, Eltern und Schüler finden in diesem Buch Lösungsvorschläge für ganz konkrete Situationen aus dem Schulalltag. Sie werden sehen, der Erfolg stellt sich unmittelbar ein, Schulprobleme lösen sich auf.

Magie im Management

Mit schamanischen Techniken zu neuen Lösungen

224 Seiten, ISBN 978-3-85052-029-4

Wollen Sie sich ungewöhnliche, unwiderstehliche Konfliktlösungstechniken aneignen? Ihre Ziele auf allen Ebenen erreichen und sich dabei wohl, sicher und anerkannt fühlen? Wollen Sie Liebe und Freude in Ihrem Leben vermehren und Ihre Kreativität und Flexibilität steigern? Wollen Sie wissen, wie KAHUNAS, die Meisterschamanen in HAWAI`I, mit realen Personen und imaginären Ratgebern kommunizieren? Wie die Hüter des Alten Wissens mit Hilfe uralter bewährter Techniken bewußt in Abläufe und Entwicklungen eingreifen und so Realität gestalten? Wollen Sie herausfinden, wie groß das Potential des menschlichen Geistes wirklich ist? Dann ist es den Versuch wert, sich mit dem Weltbild der KAHUNAS zu beschäftigen und sich deren Werkzeuge anzueignen. Die Methoden sind sehr einfach, aber verblüffend wirksam. Auch als in diesen Belangen unerfahrener Europäer können Sie sie unmittelbar anwenden, wenn Sie bereit sind, das hawaiianische Denkmodell als Arbeitshypothese zu akzeptieren und Ihre Themen einmal unter diesem Blickwinkel zu betrachten. Sie werden sehen: Es lohnt sich! Einen Experten erkennt man an seinen Resultaten, sagen KAHUNAS, Wissen allein ist nicht genug. Da es in der schamanischen Realität die Grenzen von Raum und Zeit nicht gibt, kann bewußtes Handeln auch ausschließlich auf einer geistigen Ebene stattfinden, wirkt sich aber trotzdem unmittelbar in der Materie aus. Bemerkenswert ist, daß Forschungsergebnisse von Quantenphysikern, Psychologen, Psychoneuroimmunologen, Genetikern und Gehirnforschern heute dieses Alte Wissen bestätigen.
Zurück zu den Wurzeln bedeutet daher: Zurück in die Zukunft! In diesem Sinne lassen bereits Firmen wie General Motors, AT&T, Unisys, Bank of Boston und McKinsey&Co ihre Führungskräfte in schamanischen Seminaren ausbilden.

Schamanisch Reisen

in der Tradition der hawaiianischen Kahunas

Audio-CD, ISBN 3-900436-80-0

In der Tradition der hawaiianischen Kahunas. Im Gegensatz zu den meisten anderen schamanischen Traditionen reisen die KAHUNAS auf Hawaii ohne die rhythmische Anregung durch Trommeln oder Rassel in andere Bewußtseinsebenen, nach LANIKEHA (die Oberwelt), nach KAHIKI (die Mittelwelt), und nach MILU (die Unterwelt). Ihre Reisen gleichen dem, was man bei uns unter einer geführten Meditation versteht, eingeleitet durch eine Atemübung, PIKO-PIKO, die besonders dazu geeignet ist, den Reisenden auf eine niedrigere Gehirnstromfrequenz einzustimmen, auf die von Alpha, die alle Menschen durchgehend benützen, solange sie jünger als vier Jahre sind und die sie zu gewissen Zeiten einsetzen, wenn sie sich auf der Schwelle zu anderen Bewußtseinszuständen befinden: direkt vor dem Einschlafen und nach dem Aufwachen.

Eva Ulmer-Janes begleitet Sie auf Reisen in den Inneren Garten, der stellvertretend für Ihre eigene innere Befindlichkeit steht. Nach Ansicht der Kahunas ist es nicht notwendig, die Bilder, die aus Ihrem Unterbewußtsein aufgetaucht sind, zu analysieren; Ihr KU versteht diese Bildersprache auch so und setzt sie um.

Bärenzahn & Unkenrat

32 Seiten, gebunden

ISBN 978-3-85052-226-7

Kinder sind geborene Magier, das magisch-schamanische Denken ist für sie ganz natürlich. Daher können sie auch die in diesem Buch vorgestellten, hilfreichen Methoden aus fremden Kulturen unmittelbar umsetzen.

Eva Ulmer-Janes und Raoul Krischanitz haben schamanisches Wissen in eine spannende Geschichte verpackt: Da erfahren Maus, Schnecke und andere Tiere von der weisen Unke, was sie tun können, wenn sie nicht schlafen können oder sich weh getan haben, wenn sie sich fürchten oder einsam fühlen.

Und so findet am Schluß auch der etwas groß geratene Bär viele Freunde ...